LE DOSSIER

DE

L'EMPIRE

RÉVÉLATION DES PAPIERS SECRETS

TROUVÉS AUX TUILERIES

LE LENDEMAIN DE LA RÉVOLUTION DU 4 SEPTEMBRE

PUBLIÉ PAR LES SOINS

D'UNE COMMISSION SPÉCIALE SOUS LA PRÉSIDENCE

DE M. J. CLARÉTIE

Prix : 1f 25

BORDEAUX

LIBRAIRIE MODERNE

URAIGNAN, ÉDITEUR

3, Place de la Comédie, 3.

1870

LE
DOSSIER DE L'EMPIRE

H. GEORGES

LE DOSSIER

DE

L'EMPIRE

RÉVÉLATION DES PAPIERS SECRETS TROUVÉS AUX TUILERIES

LE LENDEMAIN DE LA RÉVOLUTION DU 4 SEPTEMBRE

PUBLIÉ PAR LES SOINS D'UNE COMMISSION SPÉCIALE

sous la présidence de

M. Jules CLARÉTIE

Prix : 1f 25

BORDEAUX

—

IMPRIMERIE ADMINISTRATIVE DES POSTES. — A. PEREY
43, rue Porte-Dijeaux, 43.

AVERTISSEMENT

Ce livre n'est point un pamphlet comme
uelques personnes seront tentées de
e croire et de le propager ; il est surtout
ne compilation sérieuse, un amas de
reuves révélatrices, irréfragables, dont
a publication seule et presque sans
ommentaires, constitue l'acte d'accusa-
on le plus énergique, le plus solidement
construit qui ait encore été prononcé
contre le gouvernement déchu. Tous les
ocuments qui le composent, sauf deux
ont l'origine a été soigneusement indi-
uée, sont tirés de cette correspondance
inouïe, de ces papiers secrets, oubliés
ans la débâcle du 4 septembre et décou-
verts aux Tuileries par la Révolution,
enfin victorieuse.

De cette publication, entreprise par les soins du gouvernement provisoire, quelques très rares fascicules ont pu heureusement franchir le cercle d'investissement de Paris et parvenir en province. J'ai cru remplir mon devoir de patriote, puisque j'avais la bonne fortune de les posséder, de commencer dans les départements l'œuvre de divulgation, poursuivie par la République, à Paris, au milieu des admirables préparatifs de défense qu'elle a si rapidement improvisés.

Les éléments de ce volume ont été choisis, classés, analysés et quelquefois commentés, pour ainsi dire, le fusil à la main, entre les heures de relâche que m'a laissée l'école du soldat, jusque sous la tente et parmi les frères d'armes que la grande levée des citoyens m'a donnés.

H. GEORGES.

Camp de St-Médard, 18 novembre 1870.

PRÉFACE

Le but de cette publication est facile à saisir et le lecteur ne s'y trompera point.

Quelques hommes, fort heureusement rares, se bercent encore du rêve impossible d'une restauration bonapartiste. Ils oublient que la conception seule de ce rêve est un outrage envers la France, sur laquelle ils ont accompli tant de désastres. Ceux-là, il est impossible de les convaincre ; ce sont des irréconciliables endurcis, inaccessibles à l'idée de réparation : nous ne devons point essayer de les convertir. Il faut seulement leur enlever les trop confiantes victimes de leurs machinations. C'est surtout contre eux qu'est dirigé cet opuscule, et puissent, ceux qui ignorent ce que fut l'Empire, y puiser les ferments de haine inextinguible, que nous ressentons contre lui. Nous ne devons pas oublier, en effet, que 350,000 soldats sont prisonniers en Allemagne et qu'ils peuvent devenir un danger pour le pays s'ils se laissent égarer. Nous savons par une trop cruelle expérience de quoi Bonaparte est capable. N'a-t-il pas autour de lui, en ce moment, et de complicité avec la Prusse, notre mortelle ennemie, tous

ces maréchaux de parade, ces généraux à panache
/ u ne surent, ni combattre, ni mourir pour leur
pays et qui consentiraient à laisser démembrer la
patrie pour édifier sur ses ruines fumantes un pouvoir justement abhorré? Pense-t-on que l'homme
qui monta sur le trône par le parjure et le
crime de Décembre, se ferait scrupule de ressai-
sir le sceptre, tombé de ses mains incapables, en
employant les intruments aveugles avec lesquels
il n'a point su nous épargner l'injure de l'occupation prussienne?

Espère-t-on qu'il ait oublié avec quelle déplora-
ble faiblesse la France se livra à lui pieds et poings
liés?

Un jour, dont le souvenir pèsera comme un re-
mords, cet homme qui avait juré d'être fidèle à
la République, de se tuer plutôt que de la trahir
jamais, se leva et dit à la nation : « Tu es lasse
de ta liberté, je serai ton maître et ton sauveur;
laisse-moi te museler à ma guise et tu t'engrais-
seras. De quoi te serait tes vertus, ton génie, ta
foi ardente, ta passion pour tout ce qui est grand,
beau et juste, je te promets la paix et la prospérité. Tu boiras à longs traits la coupe des
jouissances bestiales. Tu auras de l'or et tu feras
ripaille avec les filles. Je te donnerai des poëtes
qui t'endormiront de leurs strophes énivran-

tes; mes bardes te chanteront leurs chants obscè-
nes et la voix de ceux qui te prêchent le devoir
ne montera point jusqu'à toi pour te retirer de ton
stupide engourdissement. »

Et alors, spectacle incroyable ! le troupeau des
brutes battit des mains.

En ce temps-là, les forts connurent le chemin
de l'exil et de la prison ; on les jeta par milliers
au fond des casemates humides, dans les cachots
et les pontons. Cayenne et Lambessa savent
combien y périrent. Mais, aussi pourquoi s'avi-
saient-ils, les proscrits, de propager les doctrines dangereuses ; pourquoi troublaient-ils l'ordre
et la paix publique ? Violateurs des lois et ennemis du genre humain, leurs cris et leurs protes-
tations ébranlaient l'Empire. Or, l'Empire était
la paix, l'ordre, la justice, la fortune... Silence
aux censeurs moroses, aux braillards mécontents !

Et pendant de longues années, il se fit un grand
silence. Une nuée de pillards avides, aventuriers
politiques, financiers interlopes, agioteurs sans
vergogne, chevaliers d'intrustrie se ruèrent sur
la France et l'exploitèrent sans merci.

Morny, Magnan, Canrobert, Espinasse, Rouher,
Persigny, Baroche, Haussmann, Piétri, Billault,
Walewski, tous les membres en un mot de
la haute pègre bonapartiste puisèrent à pleines

mains dans le trésor. Les héros du boulevard Montmartre, les assassins des barricades, les rois de la coulisse tripotèrent avec nos finances, se repurent d'or et de plaisirs. Paris, cette vieille ville française, devint une Babylone moderne, la cité des courtisanes, la taverne des jouisseurs de l'Europe entière venus pour la curée.

De temps en temps, pour tromper les généreux instincts de ce peuple qu'on ne pouvait tout à fait oblitérer, l'Empire lançait ses cohortes en Orient, en Italie, en Chine, au Mexique ; la valeur des soldats, les victoires chèrement achetées de leur sang, couvrirent les fautes d'une politique tortueuse, au jour le jour, vivant d'expédients, sans résultats sérieux comme sans noblesse.

Au Mexique, les désastres commencèrent, l'énergie républicaine de Juarès triompha à la longue, et Maximilien, complice abandonné de cette folie impériale, dont Morny profita en l'inspirant, paya justement de sa vie sa participation à cet attentat contre un peuple libre.

C'est alors que sur un geste menaçant de la grande République américaine, nos légions décimées abandonnèrent précipitamment leurs éphémères conquêtes.

Cette subite retraite après la victoire, cette défaite morale ébranlèrent profondément l'Empire.

La perte de tant de soldats, qui blanchirent de leurs ossements les plaines du Mexique, fut le premier coup de pioche démolisseur porté dans l'instable édifice de Bonaparte.

Ces revers furent d'autant plus cruellement ressentis que notre prospérité factice paraissait éternellement durable.

Cependant, quelques hommes de bien avaient, depuis quelques années, essayé une lutte inégale contre le régime bonapartiste. Méprisés, honnis, insultés chaque jour à la Chambre, ils parvenaient à peine a faire entendre à la France leur voix mutilée par les compte-rendus. A la longue, leurs efforts, leur honnêteté, leur constance et leurs talents incontestables forcèrent même l'attention de leurs adversaires. Ils obtinrent pour la tribune un semblant de liberté hypocrite, tandis que quelques rares organes de l'opposition démocratique les aidaient dans leur œuvre de patiente propagande; c'est à l'aide de ces éléments que l'opinion publique sortit de son funeste sommeil. Alors l'Empire, qui la croyait à jamais ensevelie dans le matérialisme grossier dont il donnait l'exemple, vit avec stupeur la nation secouer son linceul, le cadavre s'animer et recueillir avidement les paroles de liberté qui tombaient de la bouche de ses orateurs, de la plume de ses publicistes.

Le mouvement s'accusa peu à peu avec tant d'énergie qu'on n'osa violemment en arrêter l'essor. L'Empire imagina des complots, prépara des émeutes et les casse-têtes se mirent à l'œuvre ; des innocents, des curieux furent emprisonnés ; mais le pays répondit par le dédain à ces provocations odieuses.

La presse grandissait en même temps et une foule d'organes, comme poussés du sol, entonnaient le *sursum cordà* de la liberté. Traqués par une justice prostituée à la politique, frappés dans leur personne et dans leurs biens, des écrivains énergiques poursuivirent la lutte à outrance. Le suffrage universel, faussé ou corrompu, condamna souvent la démocratie ; le plébiscite, savamment conduit, parut l'écraser un instant sous une avalanche de votes impérialistes. Mais l'idée était jetée et germait, et l'Empire ne se consolidait pas.

C'est alors que, réduits aux abois, nos gouvernants, au milieu d'affirmations pacifiques, déclarèrent cette guerre impie, pour se soustraire aux complications intérieures et sauver la dynastie. Aveugles, vains ignorants, ils précipitèrent, *d'un cœur léger* la nation dans une lutte inégale et quand elle fut à deux doigts de sa perte, ils l'abandonnèrent lâchement, désireux avant tout de mettre, eux et leur fortune à l'abri de l'effroyable tempête qu'ils avaient déchaînée.

Voilà, en quelques lignes, l'œuvre impériale; la honte du fauteur et de ses complices n'a pu heureusement rejaillir sur la France, fière malgré ses blessures, relevée par la République et bientôt par elle enfin triomphante.

Il nous resterait à raconter la fin de l'impériale mascarade que nous venons d'esquisser à longs traits. Nous n'essaierons point de remplir cette tâche douleureuse. Aussi bien l'histoire de ces trois derniers mois est trop amèrement gravée dans le cœur des citoyens pour qu'ils en perdent jamais le souvenir.

Les hontes de Sédan et de Metz; la lâcheté du misérable qui nous gouverna; la trahison de Bazaine; 350,000 soldats livrés à l'ennemi; Paris investi; vingt départements envahis et ravagés; nos frères qui succombent; nos femmes et nos sœurs outragées; nos villes et nos hameaux réduits en cendres; le deuil dans nos familles, et par dessus tout, la patrie foulée aux pieds de l'étranger; tels sont les fruits de nos coupables défaillances, tel est le lugubre héritage que nous a légué l'Empire.

La leçon est cruelle et peut-être imméritée; toutefois la France en aura profité, si elle se décide à ne confier qu'à elle-même le soin de ses destinées. Plus de monarchies; toutes lui ont été funestes. Peu importe la dénomination dont elles se couvrent, qu'elles soient tempérées ou despotiques, parlementaires ou personnelles, légitimes ou barbares, elles se ressemblent toutes en ce sens que leur principe repose sur cet odieux sophisme : qu'un peuple ne saurait s'appartenir, qu'il a besoin d'un maître, transmettant éternellement à sa descendance un pouvoir confisqué. Nous les enveloppons de la même haine.

C'est à la lumière des vérités républicaines qu'une nation vraiment grande doit s'éclairer et marcher. Le progrès, l'ordre, la paix, la stabilité sont à ce prix. Quelle heure, d'ailleurs, fut plus propice à l'établissement de la République! En elle seule réside le salut. Déjà, elle a enfanté ces prodiges de patriotisme, à l'aide desquels nos pères sortirent autrefois vainqueurs d'une lutte gigantesque, sans précédents dans la mémoire de l'humanité; bientôt elle donnera le signal des impitoyables vengeances et des revanches suprêmes.

Et maintenant, c'est à toi, peuple si longtemps enchaîné, si lâchement trahi, que je dédie ce livre. Pendant vingt années tu t'es laissé imposer un joug pesant. Tu as été coupable de l'avoir patiemment supporté et même de l'avoir servilement béni malgré la voix de ceux qui de la tribune ou dans la presse t'enseignaient les grandes choses de la justice et de la liberté.

Si tu ne puises point dans ces pages, l'horreur du traître qui t'a plongé dans l'abîme, la force nécessaire pour traverser virilement les épreuves que tu endures et la volonté ferme de te passer désormais de maître, c'est que tu es indigne de la République, c'est qu'il faut désespérer de ton génie et de ton avenir, c'est qu'il ne reste plus qu'à fermer ton histoire, en te laissant amoindri, sans force, comme sans noblesse, te consumer dans une lente mais sûre agonie.

H. GEORGES.

LE DOSSIER

DE

L'EMPIRE

CHAPITRE Ier

CE QUE COUTE UN EMPIRE

Il n'est point indifférent de mentionner, en tête de cette histoire, écrite à coups de documents, les dépenses que l'Empire a coûté à la France. Le simple examen de ces chiffres éloquents, répondra d'une manière victorieuse aux aveugles ou aux hommes de mauvaise foi, qui ont si souvent crié à la tribune, dans la presse, ou ailleurs, que le règne de Bonaparte avait été une longue suite de prospérités. L'abîme financier qui s'ouvre sous nos pas, peut désiller les yeux aux moins clairvoyants ; la lecture des chiffres extraits, non des papiers de la famille impériale, mais des rapports officiels, mis, tous les ans, sous les yeux des députés ; les désastres survenus à la suite de cette guerre insensée, dont nous portons le poids, et uniquement déclarée pour cacher le désordre et le gaspillage de nos finances en même temps que pour sauver un trône à la veille de s'effondrer, fera sûrement le reste.

Voici ce qu'on trouve, sous cette rubrique, au budget de 1870 :

	Capital	Rentes annuelles
Dette consolidée............F.	11,711,000,000	373,825,000
Dette flottante et cautionnement.	1,213,000,000	32,960,000
Rentes viagères et pensions....	»	93.568,000
En totalité............	12,924,000,000	500.353,000

Depuis la fondation du second Empire, la dette publique s'est élevée de plus de 200,000,000 de francs de rente, soit un capital de plus de 5 milliards. Dans ces sommes ne figurent pas les frais de la guerre actuelle.

Il en coûte cher d'avoir des Empereurs !

CHAPITRE II

CE QUE COUTE UN EMPEREUR

FORTUNE IMMOBILIÈRE DE NAPOLÉON III A L'ÉTRANGER

Depuis 1852 jusqu'en 1866 et probablement jusqu'à la fin de son règne, Napoléon III a eu un compte ouvert chez Baring frères, banquiers à Londres. Les notes actuelles qui établissent la balance de ce compte n'offrent rien de bien remarquable : un assez grand nombre de

mandats à Mmes Walewska et Cadore, diverses fournitu-
res, des dépenses en sommes modérées. Toutefois, la
note du 31 décembre 1852 porte la trace évidente du
coup d'Etat; elle porte au crédit impérial une somme de
767 livres sterling, reste de 36,370 livres 15 schillings.
Mais le document vraiment précieux fourni par le dos-
sier Baring est cette note laissée par mégarde, sans
doute, dans le compte de décembre 1866. Elle est libel-
lée en anglais :

Russian 5 0/0 (1822)........... Liv. sterl.	50,000
Russian 5 0/0......................	50,000
Russian 3 0/0......................	50,000
Turcos 6 0/0 (1858)...............	100,000
Peruvian 4 1/2 (Old.(.............	80,000
Peruvian 4 1/2 (New.).............	52,000
Canada 6 0/0......................	50,000
Brazilian 4 1/2 0/0...............	50,000
Egyptian 7 0/0....................	50,000
Amer can 8 0/0....................	100,000
Mississipi 6 0/0..................	25,000
Diamonds..........................	200,000
Uniforms..........................	16,000
	873,000
Beaujon...........................	60,000
TOTAL...............	933,000

Tout n'est pas expliqué dans cette note.

Que sont ces *uniforms* portés pour 16,000 livres sterling? Quant à Beaujon (60,000 livres), c'est sans doute
le prix des terrains vendus, peut-être achetés au peintre
Gudin. Quoi qu'il en soit, le fait de 23,325,000 francs

économisés (sur la liste civile sans doute) et placés en sûreté n'en paraît pas moins indiscutable.

M. Max Pol, qui a occupé une certaine position à Paris, et qui ne craint pas d'être démenti par M. Thélin, trésorier de l'ex-empereur, a dévoilé encore d'autres placements. M. Piétri a nié, il est vrai, l'existence de ces richesses; mais malgré le démenti d'un homme évidemment intéressé à cacher la vérité, les énonciations de M. Max Pol ont un tel caractère de précision qu'elles ne peuvent manquer de frapper le lecteur.

Voici les placements à l'étranger de Louis-Napoléon Bonaparte :

En 1854 chez *Baring frères*, à Londres............F.	4,000,000
1855 à la Banque *of Victoria*, à Londres........	6,000,000
1856 chez *Kindled et C°*, à Vienne..............	3.000.000
1860 chez *J.-B. Jecker*, au Mexique.............	14,000,000
1863 sur l'Emprunt tunisien....................	3,000,000
1863 sur l'Emprunt ottoman....................	5,000,000
1866 à New-York, sur hypothèque par l'entremise de Brown frères......................	10.000,000
1867 sur l'Emprunt russe par l'entremise de Funder et C°, et de Plitz, banquiers à Saint-Pétersbourg............................	6,000,000
1869 l'impératrice a acheté en son nom une propriété près de Santander, par l'entremise de Don Trupita, pour....................	3,000,000
1870 la même a acheté une propriété à Alcoy, près Alicante, pour.	2.000.000
A Amsterdam, placé chez Berg von Dussen, pour achat de divers titres..............	7,000,000
Total.................	63,000,000

CHAPITRE III

LE FAUX-MONNAYEUR

Nous ne possédons point encore le texte des pièces à conviction qui démontrent que Bonaparte faisait fabriquer des faux billets de banque ; mais, déjà, plusieurs journaux parisiens ont affirmé le fait, et, à ce propos, l'*Electeur Libre* s'exprimait en ces termes :

« On a découvert, et on publiera plus tard, une série de documents établissant, de la manière la plus authentique, que l'ex-empereur faisait fabriquer de faux billets de banque. En tête de ces documents figure la lettre qu'un personnage connu adressait à Napoléon, pour l'engager à faire disparaître les faux billets. »

Enfin, dans son numéro du mercredi 2 novembre, la *Gironde* annonçait que le dixième fascicule des papiers trouvés aux Tuileries, non encore parvenu en province, est à peu près uniquement consacré à l'histoire des faux billets étrangers, fabriqués par ordre de l'Empereur Napoléon. Nous publierons en annexe ces pièces curieuses, dès qu'elles nous seront parvenues.

CHAPITRE IV

LES DETTES

Les trois lettres suivantes sont relatives à une dette considérable contractée par le prétendant, Louis Bonaparte, en 1848. Cette dette ne fut payée qu'après le coup d'Etat.

A M. Mocquard, secrétaire particulier du Président de la République, à Paris.

Gênes, le 16 novembre 1850.

« Monsieur,

» Dans le mois de juillet dernier, je reçus une lettre dans laquelle vous m'exprimiez le désir de M. le prince Louis-Napoléon Bonaparte, de me rembourser à Paris la somme de 60,000 écus romains, soit 324,000 fr., du prêt que je lui fis dans l'année 1848, avec hypothèque sur les domaines du prince situés dans les Etats romains, près de Civita-Nova. Me trouvant en Toscane à cette époque, j'écrivis à mon homme d'affaires à Gênes, M. Arado, de vous répondre en mon nom pour vous prier d'interpeller le prince s'il aurait consenti à garder la somme totale jusqu'au 15 janvier 1851, afin que je pus, dans cet espace de temps, trouver un placement convenable.

» Vous lui répondîtes que le prince y adhérait et que c'était chose convenue.

» Le terme de ce remboursement s'approchant, je viens vous demander : 1° Que vous ayez la bonté de m'envoyer une formule de la procuration de quittance que je devrai envoyer à Paris pour ce remboursement, ainsi que de m'écrire si cette procuration devra être

faite devant notaire ou 1 consul français ; 2° si c'est
dans l'intention du prince c payer le semestre des intérêts qui sera échu le 15 janvier prochain, à Gênes ou à
Paris, et, dans ce dernier ca , d'en faire mention dans
la quittance sus-énoncée.

» Veuillez agréer, monsieur, l'assurance de ma considération la plus distinguée.

« E.-L. PALLAVICINO. »

A M. Mocquard, chef du cabinet particulier du
Président de la République française.

« Monsieur,

» Par votre lettre du 12 décembre courant, vous avez
fait connaître au marquis E.-L. Pallavicino, que M. le
prince Bonaparte désirait obtenir un délai d'un mois
pour la restitution des 324,000 fr., et opérer ainsi cette
restitution au 15 février 1851, au lieu du 15 janvier,
comme on était convenu.

» M. le marquis de Pallavicino me charge de vous
communiquer qu'il est disposé à satisfaire en cela le désir de M. le prince Bonaparte, pourvu que Son Altesse
corresponde jusqu'à la restitution entière de la somme,
les intérêts au 6 pour 100, qui pourront ainsi être cal-
culés à 53 fr. 26 c. par jour.

» M. le marquis de Pallavicino vous prie de lui écrire,
le plus tôt possible, si l'époque du 15 février reste défi-
nitivement arrêtée entre lui et M. le prince Bonaparte

2

pour la restitution de la somme en question et s'il peut y compter pour remplir d'autres engagements.

» Agréez, monsieur, l'assurance de ma considération distinguée, votre très-humble et très-obéissant serviteur, » Félix ARADO. »

Gênes, 19 décembre 1850.

———

Gênes, le 18 février 1851.

A M. Mocquart, chef du cabinet particulier de S. A. M. le prince Louis-Napoléon Bonaparte.

« Monsieur,

» M. le marquis E. L. Pallavicino me charge de vous écrire que, d'après les accords pris entre M. le prince Bonaparte et lui, il vient de nommer M. le duc de Galliera son mandataire spécial, pour toucher en son nom, des mains du prince Bonaparte, la somme de 324,000 fr. Veuillez, Monsieur, passer chez le duc de Galliera, qui demeure dans la rue d'Astorg, n° 16, pour fixer le jour bu'il lui conviendra pour régler cette affaire.

» M. le duc vous remettra, après le remboursement de la somme totale, les pièces suivantes :

» 1° Quittance entière et définitive des 324,000 fr. ;

» 2° Pouvoir spécial à Raphaël Defferari, duc de Galliera de toucher au nom du marquis la somme susdite ;

» 3° Consentement à la radiation de l'hypothèque sur le domaine du prince à Civita-Nova ;

» Finalement une quittance pour la somme de

1,665 frans 50 centimes dus sur la somme totale, soit :

Pour intérêts depuis le 15 janvier jusqu'au 15 février. 1,631 »
Procuration au vicomte de Casabianca pour la radiation d'hypothèques sur une partie du domaine du prince. 15 «
Frais de procuration expédiée à Paris. 19 50

TOTAL. . . . . F. 1,665 50

» Veuillez, je vous prie, m'accuser réception de la présente, et agréer l'assurance de ma considération très distinguée.

» Votre très humble et très obéissant serviteur.

» Félix ARADO. »

La lettre qui suit a été trouvée parmi les papiers et les reçus de la cassette impériale :

Paimbœuf, 16 juin 1870.

« SIRE,

» En 1867, j'étais à Philadelphie, dans une société où l'on vous insultait ; j'ai fait mon devoir, et, voulant qu'on respectât la France et celui qui la gouverne, j'ai remis, Sire, à Michel Bouvier, qui se prétendait votre créancier, une somme de 1,500 francs pour une fourniture de meubles pendant votre séjour dans ce pays. Ci-joint la quittance.

» Je prie Votre Majesté de croire que je ne viens pas en réclamer le montant : je suis au-dessus de cela, d'abord ; ensuite, incapable d'une pareille bassesse ; mon seul désir est de savoir si je n'ai pas été la dupe d'un infâme fripon.

» J'ai l'honneur d'être, Sire, avec un profond respect, de Votre Majesté, le très humble et très dévoué sujet.

» Hippolyte HARANCHIPY DE ROSTAING. »

A cette lettre est joint ce billet :

« Reçu de M. Hippolyte Haranchipy la somme de 1,500 francs pour compte de Louis-Napoléon, empereur des Français.

» Michel BOUVIER. »

Philadelphie, 28 mars 1867.

CHAPITRE V

L'ÉPOUSE

EUGÉNIE A NAPOLÉON. — *(Orthographe du cœur).*

Sur le Nil, à bord de l'*Impératrice,* le 27 octobre 1869.

« Mon bien cher Louis,

» Je t'écris en route sur *(illisible)* sur le Nil. Te dire que nous avons frais ne serait pas absolument la vérité ; mais la chaleur est fort supportable, car il y a de l'air ; mais au soleil, c'est autre chose ! D'ailleurs, par télégramme, je te dis l'état de l'atmosphère. J'ai de tes nouvelles et celles de Louis tous les jours par télégraphe ; c'est merveilleux et bien doux pour moi, puisque je suis toujours tenue à la rive amie par ce fil qui me rattache à toutes mes affections.

» Je suis dans le ravissement de notre charmant voyage, et je voudrais t'en faire la description : mais tant d'autres plus savants et plus charmants conteurs que moi ont entrepris cette œuvre, qu'il me semble que dans l'admiration muette je dois m'enfermer.

» J'étais bien tourmentée de la journée d'hier et de te savoir à Paris sans moi ; mais tout s'est bien passé à ce que je vois par la dépêche. Quand on voit les autres peuples on juge et apprécie bien plus l'injustice du nôtre. Je pense, *malgré tout,* qu'il faut ne pas se décourager et marcher dans la voie que tu as inauguré *(sic)*, la bonne foi dans les concessions données, comme du reste on le pense et dis *(sic)*, est une bonne chose, j'espère donc que ton discours sera dans ce sens, plus on aura besoin de force plus tard, et plus il sera nécessaire de prouver au pays qu'on à *(sic) des idées* et non *des expédients.* — Je suis bien loin et bien ignorante des choses depuis mon départ pour parler ainsi, mais je suis intimement convaincue que la suite dans les idées c'est la véritable force, je n'aime pas les à coups *(sic)* et je suis persuadée qu'on ne fait pas deux fois dans le même règne des coups d'Etat. Je parle à tort et à travers, car je prêche un converti qui en sait plus long que moi. Mais il faut bien dire quelque chose ne fut-ce *(sic)* que pour prouver ce que tu sais, que mon cœur est près de vous deux, et si dans les jours de calme mon esprit vagabond aime à se promener dans les espaces, c'est près de vous deux que j'aime à être les jours de soucis et d'inquiétude.

» Loin des hommes et des choses on respire un calme qui fait du bien et, par un effort d'imagination, je me figure que tout va bien puisque je ne sais rien. Amuse-toi, je crois indispensable la distraction, il faut se refaire un moral comme on se refait une constitution affaiblie, et une idée constante finie *(sic)* par user le cerveau le mieux organisé. J'en ai fait l'expérience, et de tout ce qui dans ma vie a terni les belles couleurs de mes illusions je ne veux plus en entretenir le souvenir, ma vie est finie, mais je revis dans mon fils et je crois que ce sont les vraies joies, celles qui traverseront son cœur pour venir au mien.

» En attendant je joui *(sic)* de mon voyage, des couchés *(sic)* du soleil, de cette nature sauvage cultivée sur les rives dans une largeur de 50 mètres *(sic)*, et, derrière le désert avec ses dunes et le tout éclairé par un soleil ardent.

» Au revoir et crois à l'amitié de ta toute dévouée. »

***

CHAPITRE VI

LES MAITRESSES

***

MISS HOWARD

Cette femme, quasi-célèbre, est trop connue de notre génération, pour que nous essayons de résumer sa notice biographique. Il nous suffira de dire qu'elle se lia avec e futur Empereur, dès son séjour en Angleterre. Tout Paris sait que deux enfants sont nés de leur commerce. La maitresse consentit à d'énormes sacrifices, dont on rouvera plus bas l'énumération, et fut forcée, malgré es prétentions, de céder la place à l'Espagnole qu'un coup du hasard porta jusque sur le trône de France.

Miss Howard avait engagé sa fortune pour la réussite u coup d'Etat ; elle avait payé plusieurs fois les dettes u prince Louis-Napoléon. En 1851, celui-ci avait des illets protestés chez Monteaux, changeur au Palais-oyal. Le 26 mars 1853, il remettait à miss Howard un remier à-compte de un million.

Voici la lettre de Mme Beauregard (miss Howard), onnant quittance de un million, en date du 25 mars 1853. ette lettre est en anglais ; en voici la traduction fran-aise :

» Je reconnais, par la présente, avoir reçu de S. M. apoléon III, la somme de 1 million de francs en plein acquit et décharge complète de tous mes droits et inté-êts dans le domaine de Civita-Nova, dans la Marche-'Ancône (Etats du Pape).

» E.-H. de Beauregard. »

Paris, 25 mars 1853.

Lettre à M. Mocquard. — Quittance d'une somme de 50,000 francs en date du 31 janvier 1854. (Avec note de M. Mocquard, constatant que trois premiers paiements de pareille somme ont été faits par M. Gilles. »

« M. Mocquard,

» Je reconnais avoir reçu, jusqu'au 1er janvier 1854, la somme de 50,000 francs que je vous ai chargé de toucher par mois.

» E.-H. de Beauregard. »

Paris, 31 janvier 1854.

« *Nota*. — Le paiement des 50,000 francs a commencé au 1er juin 1861. Les trois premiers ont été faits par M. Gilles. »

Note des sommes payées par l'empereur à miss Howard depuis le 24 mars 1853 jusqu'au 1er janvier 1855.

1er janvier 1855 : Paiement des 58,000 francs. Donc le mois de novembre n'est pas compris.

J'avais promis trois millions, plus les frais d'arrangement de Beauregard, que j'évaluais tout au plus à 50,000 francs.

J'ai donné :

1,000,000 le 23 mars 1853, suivant reçu.

1,500,000 le 31 janvier 1854.

1,414,000 en rentes sur l'Etat.

  585,000 en paiement à 58,000 fr. par mois, à partir du 1er janvier 1855.

  950,000 en paiement de 50,000 fr. à partir du 1er janvier 1853 jusqu'au 1er janvier 1855.

5,449,000 francs.

Autre lettre de miss Howard, pour se plaindre que les engagements pris envers elle n'ont pas encore été tenus :

Château de Beauregard, 24 juillet 1855.

« Mon cher ami,

» Nous sommes aujourd'hui le 24 juillet, et je vois avec peine que les engagements pris envers moi ne sont pas accomplis (quand j'ai doute, j'ai blessé, il ne faut plus se douter) ; en fait, j'ai cru ét je crois encore que c'est une erreur ; pourquoi me faire souffrir ?

» Si les choses doivent être ainsi, j'aurais mieux fait de garder les *six* millions, au lieu de 3,500,000 francs qui devaient, sur ma demande, être payés au bout de l'année 1853, et c'était pour cela que j'ai prié l'empereur de déchirer la première somme *(deux millions cinq cent mille francs)*. Le cœur me saigne d'écrire ceci, et si mon contrat de mariage n'était pas fait comme il est, et si je n'avais pas un enfant, je ne ferais cette démarche, qui est devenue un devoir. Je compte sur vous pour faire fin à tant de souffrance. Le cœur de l'empereur est trop bon pour laisser une femme qui l'a aimé *(sic)* tendrement, dans une position, et il ne voudrait pas l'être lui-même : vous savez ma position, vous êtes mon tuteur, et c'est à ce double titre que je m'adresse à vous. Je me suis trompé *(sic)* l'autre jour en écrivant à Sa Majesté ; par une de ses lettres date mai, il dit : « Je donnerai à Gilles demain papier pour les trois millions cinq cent mille francs. » Alors, il né *(sic)* rien à faire que de calculer de 50,000 depuis le 1er juin 1853 la rente, et 50,000 depuis janvier jusqu'à octobre. Je prie Dieu qu'il n'en soit plus question d'argent entre moi et lui que à toute une autre sentiment dans mon cœur. Je vous embrasse tendrement et vous aime de même.

» Votre affectionnée,

» E.-H. DE BEAUREGARD. »

« Je vous en conjure, ne laissez pas cette lettre ; vous pouvez en faire lecture à Sa Majesté si vous jugez convenable, et brûlez-là aussitôt après. J'ai vu Mme Mocquard lundi, à quatre heures, elle était souffrante l'autre jour. »

MARGUERITE BELLANGER

(3º livraison.)

Les deux lettres suivantes ont été découvertes dans les papiers particuliers de Napoléon. Elles étaient mises ensemble dans une enveloppe cachetée au chiffre N couronné, et avec cette suscription de la main de Napoléon : *Lettres à garder.*

La première de ces lettres est vraisemblablement adressée à M. Devienne, sénateur et premier président à la Cour impériale.

« Monsieur,

» Vous m'avez demandé compte de mes relations avec l'Empereur, et, quoiqu'il m'en coûte, je veux vous dire toute la vérité. Il est terrible d'avouer que je l'ai trompé, moi qui lui dois tout; mais il a tant fait pour moi que je veux tout vous dire : Je ne suis pas accouchée à sept mois, mais bien à neuf. Dites-lui bien que je lui en demande pardon.

» J'ai, monsieur, votre parole d'honneur que vous garderez cette lettre.

» Recevez, monsieur, l'assurance de ma considération distinguée, » M. BELLANGER. »

« Cher seigneur,

« Je ne vous ai pas écrit depuis mon départ, craignant de vous contrarier; mais, après la visite de M. Devienne, je crois devoir le faire: d'abord pour vous prier de ne pas me mépriser, car sans votre estime je ne sais ce que je deviendrais; ensuite pour vous demander pardon. J'ai été coupable, c'est vrai; mais je vous assure que j'étais dans le doute. Dites-moi, cher seigneur, s'il est un moyen de racheter ma faute, et je ne reculerai devant rien; si toute une vie de dévouement peut me rendre votre estime, la mienne vous appartient, et il n'est pas un sacrifice que vous me demandiez que je ne sois prête à accomplir. S'il faut, pour votre repos, que je m'exile et passe à l'étranger, dites un seul mot et je pars. Mon cœur est si pénétré de reconnaissance pour tout le bien que vous m'avez fait, que souffrir pour vous serait encore du bonheur. Aussi la seule chose dont à tout prix je ne veux pas que vous doutiez, c'est de la sincérité et de la profondeur de mon amour pour vous. Aussi, je vous en supplie, répondez-moi quelques lignes pour me dire que vous me pardonnez. Mon adresse est : Mme Bellanger, rue de Launay, commune de Vilbernier, près Saumur. En attendant votre réponse, cher seigneur, recevez les adieux de votre toute dévouée, mais bien malheureuse

» MARGUERITE. »

La lettre suivante de M. Devienne à M. Conti a-t-elle rapport à cette affaire ?

Cour impériale. — Cabinet du premier président.

Paris, le 19 février 1869.

« Monsieur le conseiller d'Etat,

» Je vous serai très-reconnaissant si vous voulez bien remettre ma lettre ci-jointe à Sa Majesté.

» Veuillez agréer, avec mes excuses, l'expression de mes sentiments de haute considération.

» *Le premier président,*
» DEVIENNE. »

Le public voudra évidemment connaître un peu l'histoire de cette Marguerite Bellanger. Le *Daily-News* a donné dernièrement des détails fort intéressants qui lui sont arrivés de Tours. Nous y apprenons ce fait prodigieux que, si l'Empire avait vécu, la France aurait été exposée à avoir pour monarque le fils de Marguerite Bellanger. Qu'aurait-il fallu pour cela ? Rien qu'un petit plébiscite. O grand peuple souverain, dans quel mépris profond ces Bonaparte t'ont tenu !

La scandaleuse affaire de Marguerite Bellanger et du président Devienne, dit le journal anglais, dévoilée par la publication de la correspondance privée de l'ex-empereur, a produit une grande sensation. Il ne faut pas vous imaginer que cette histoire soit une révélation pour les Parisiens. Ce qui est nouveau, c'est la mise en question de la paternité d'un petit garçon, et la part honteuse prise par le premier magistrat de l'Empire dans une affaire de chantage. Mais tout Paris peut attester la vérité de la déclaration réitérée de la fille de Bellanger dans ses lettres à son impérial amant, quand elle dit : « Qu'il avait fait beaucoup pour elle. »

Ses chevaux, ses voitures, ses chiens, ses bijoux et ses toilettes tapageuses étaient bien connus au bois de Boulogne. Tous les cochers de fiacre connaissent le confortable et luxurieux hôtel de la rue Vernet, situé à une portée de fusil des Champs-Elysées, où, après sa promenade officielle avec l'Impératrice, il passait si volontiers des heures de paresse avec Marguerite Bellanger.

Au commencement de la présente année et peu de temps après l'arrangement conclu avec M. Devienne, on trouva un mari pour la dame. A l'occasion de son mariage, elle déclara que son hôtel de la rue Vernet sentait l'écurie, et alors l'Empereur lui donna un somptueux palais dans l'avenue de la Reine-Hortense, qui, dans son contrat de mariage, publié alors dans le *Figaro*, fut évalué un million et demi de francs. La vente de son mobilier de la rue Vernet produisit 310,000 fr. Elle racheta de magnifiques tapisseries des Gobelins portant les insignes de la couronne, ce que le commissaire-priseur avait eu soin de mentionner dans le catalogue, pour exciter la curiosité. Le mari qui lui fut choisi était un employé dans un magasin de nouveautés, sa fonction était de tenir les livres, ce qui lui fit dire qu'elle n'épousait pas un commerçant, mais un hommes de lettres.

Par toutes sortes de raisons, je crois que l'extrême inquiétude qui amena l'Empereur à recourir à l'intervention du président Devienne vient de ce fait :

A l'époque où le prince impérial tomba gravement malade, l'Empereur était certainement sous cette impression, fondée ou non, qu'il était le père du fils de Marguerite Bellanger. Comme dans ses épanchements avec sa maîtresse, il lui avait confié ses craintes d'être privé de postérité, elle eut l'habileté de se faire complaisamment écouter, en lui disant que son fils était le sien et qu'à part quelques difficultés sociales qu'il saurait vaincre, la ligne directe des Napoléon était, dans tous les cas, assurée.

L'Empereur, qui s'était réservé par la Constitution le pouvoir absolu de choisir un héritier, à l'exclusion du prince Napoléon, peut très bien, en fumant sa cigarette, avoir caressé l'idée qu'en cas de mort de son fils légitime, son pouvoir serait assez puissant pour obtenir un plébiscite ratifiant son adoption d'un enfant naturel. Plus tard, le prince impérial étant guéri, l'Impératrice ayant protesté contre ce scandaleux compromis, l'Empereur aura pensé qu'il lui fallait obtenir à tout prix, de

Marguerite Bellanger, un désaveu de sa paternité.

Nous ajoutons que la courtisane qui a failli donner un souverain à la France, ne s'appelle point Bellanger ; elle s'appelle Lebœuf. La mère de Marguerite a été mariée deux fois : en premier mariage avec un nommé Lebœuf ; en second, avec Bellanger, gabarier sur la Loire. Marguerite a pris pour nom de guerre le nom de son beau-père. Elle n'est plus ni jeune, ni belle ; elle n'a point de sourcils, et approche de la quarantaine. Elle a un grand talent, grâce auquel elle avait su séduire notre galant souverain : elle monte admirablement à cheval. Quand l'Empereur allait au bois, Marguerite montait aussitôt à cheval et galopait autour de lui. Grâce à ce petit manége, elle avait su se faire remarquer ; de là sa fortune.

CHAPITRE VII

CE QUE COUTE UN BAPTÊME

(3° livraison.)

NAISSANCE ET BAPTÊME DU PRINCE IMPÉRIAL

Médaillons en diamants..........................F.	25,000
Allocation aux médecins............................	62,000
— à la sage-femme............................	6,000
A la Société des Auteurs et compositeurs dramatiques..	10,000
— Gens de Lettres.....................	10,000
— Artistes dramatiques.................	10,000
— Artistes musiciens...................	10,000
A reporter.....................	133,000

Report....	133,000
A la société des Peintres, Sculpteurs, etc.............	10,000
— Inventeurs industriels...............	10,000
— Médecins du département de la Seine...	10,000
Aux Bureaux de Bienfaisance de la Seine et des communes où sont situés les biens de la Couronne..........	93,000
Layette...	100,000
Gratifications de quatre mois de traitement aux agents du service intérieur de l'Impératrice...............	11,000
Spectacles gratis du 18 mars 1856..................	44,000
Secours aux parents des enfants nés le 16.............	50,000
Médailles aux auteurs et compositeurs des cantates et vers adressés à Leurs Majestés, médailles aux troupes et aux élèves des Lycées...........................	85,000
Brevets adressés aux parents des filleuls de Leurs Majestés..	200,000
Cortége du baptême. (Service des écuries.)............	172,000
Gratification aux gagistes de la Maison de Leurs Majestés..	160,000
Total........................	1.078,000

CHAPITRE VIII

LES DEUX COUSINS

Bonaparte s'est laissé donner des leçons de morale et de sentiment, même par l'assassin de Victor Noir, qui n'en avait certes pas à revendre.

Le 19 mars 1867, Pierre-Napoléon Bonaparte écrivait à son cousin :

« SIRE,

» Je ne puis que m'incliner devant les décisions de Votre Majesté ; mais elle me permettra de lui observer que mes enfants cesseraient d'être naturels du moment que je les légitimerais. Il n'entrait pas dans mes intentions immédiates d'épouser leur mère : mais comme il n'y aurait pas d'autre moyen de les légitimer, je serais disposé à l'employer. Je viens donc demander à Votre Majesté l'autorisation que le Statut du 21 juin 1853 rend nécessaire, et je fais encore un appel à votre bon cœur, Sire, et à votre esprit d'équité. »

Le 25 du même mois, le prince demandait à l'empereur d'acheter sa propriété de Corse. Voici la réponse du souverain :

Lettre de Napoléon à M. Pierre Bonaparte.

(L'original, trouvé en brouillon, est de la main de M. Conti.)

« Je ne puis, quoi qu'il m'en coûte, accueillir favorablement vos nouvelles demandes. Les considérations qui s'opposent à la reconnaissance de vos enfants font également obstacle à l'union que vous désirez contracter. Quand on a l'honneur de porter votre nom, il est des convenances dont il faut avoir le respect. La gêne qu'elles imposent n'est, après tout, que la faible compensation d'avantages partout enviés, et auxquels, je suppose, vous ne voudriez pas renoncer.

» Je regrette de ne pouvoir non plus me rendre ac-
quéreur des biens que vous possédez en Corse, et dont
vous désirez vous défaire. Ces propriétés ne sauraient
recevoir aucune (1) utile et me seraient à charge. Mon
budget est trop grevé pour que je m'impose de pareils
sacrifices. »

Pierre Bonaparte, acculé dans la nécessité, ou de ne
pas légitimer ses enfants ou de perdre ses pensions, pro-
teste en ces termes :

« SIRE,

» Je ne puis laisser sans réplique la lettre d'hier de·
Votre Majesté. Je crois fermement qu'il y aurait plus
d'inconvenance à faillir au devoir sacré de reconnaître
mes enfants qu'à contracter un mariage avec leur mère,
d'une naissance modeste, mais d'une conduite irrépro-
chable. Si c'est d'une mésalliance que Votre Majesté
veut parler, elle serait moindre, *eu égard surtout aux
positions respectives, que d'autres mésalliances con-
tractées dans la famille.*

» Je ne saisis pas bien quels sont les avantages que Votre Majesté dit partout enviés. S'il s'agit de titres qui
ne sont pas même ceux qui me seraient dus sous l'empire, que n'accompagne même pas d'ailleurs la situation
d'usage, je n'y tiens guère et j'en ai voté la suppression
quand j'avais l'honneur de siéger à l'assemblée nationale
Constituante. S'il s'agit de mon nom, je ne le dois qu'à
ma naissance, qu'à mon père, qui, certes, ne m'a pas
donné l'exemple de la défection aux sentiments qui m'ins-

(1) Mot illisible.

irent. S'il s'agit enfin de l'allocation que Votre Majesté 'octroie, elle ne représente qu'une très faible partie es biens dont les Bourbons nous ont frustrés *par une poliation inique*, pour me servir des propres expressions de Votre Majesté dans un document officiel que j'ai ntre les mains.

» Pour me résumer, Sire, je ne faillirai pas, coûte que coûte, à mes devoirs paternels, et, s'il le faut, je saurai, moi qui pendant quatre ans à la représentation nationale, n'ai pas déposé un vote, un seul vôte contraire à la liberté des autres, reprendre la route de l'exil et demander plus d'équité à un peuple libre.

» Je n'en suis pas moins avec respect, Sire, de Votre Majesté le très humble et très obéissant serviteur.

» Pierre-Napoléon Bonaparte. »

Paris, 25 avril 1870.

« Sire,

» J'ai dû entretenir de ma situation Mgr l'archevêque de Paris, et ce digne prélat désire en parler à Votre Majesté. Je viens vous prier, Sire, de vouloir bien l'entendre et d'agréer l'hommage de mon respectueux attachement.

» Pierre Napoléon Bonaparte. »

Paris, 25 avril 1870.

CHAPITRE IX

LA FAMILLE

———

MINISTÈRE DE LA MAISON DE L'EMPEREUR ET DES BEAUX-
ARTS.

Secrétariat général (Etat B.)

Voici l'état des sommes qui, depuis 1852, ont été payées
à son altesse le prince Lucien Murat et aux membres de
sa famille.

1º S. A. le prince Lucien Murat :

Avril 1852	Un million de francs par à-comptes mensuels de 25,000 mille francs, plus les intérêts, ci.....................	1,000,000
Décembre 1852	Un million de francs par sixième et par mois, plus les intérêts. Cette somme est accordée à la condition que la pension du prince sera réduite de 100,000 à 50,000 fr. et qu'il sera fait emploi du capital, pour l'usufruit, en faveur des princes et pour la nue-propriété en faveur de son fils ainé......	1,000,000
Février 1860	Trois cent mille francs pour acquisition d'un hôtel à l'angle de l'avenue Montaigne et de la rue Jean-Goujon..	300,000
Mai 1860.	Douze mille cinq cents francs pour le paiement d'un legs dû au prince, du chef de sa mère, sur la succession du	

A reporter.................. 2,300,000

Report	2,300,000	
cardinal Fesch	12,500	»
Juillet 1860 Cent mille francs montant d'une allocation à la disposition du prince	100,000	»
Décembre 1864 Soixante-sept mille francs (cette somme est accordée à titre d'avance remboursable; mais elle n'a été remboursée que jusqu'à concurrence de 35,000 fr.) et en conséquence, il reste dû	32,000	»
Total	2,444,500	»

2° S. A. le prince Joachim Murat :

Mars 1854. Allocation de cent-quatre-vingt mille francs à l'occasion de son mariage, ci	180,000

3° Le prince Achille Murat.

Juillet 1864 Reçu de S. M. l'Empereur	32,000	»
Août — — —	10,000	»
Sept. — — —	10,000	»
Octob. — — —	3,000	»
Nov. — — —	23,000	»
Avril 1865 — —	4,959	45
Nov. — — —	248	»
Total	83,207	45

4° Mme la duchesse de Mouchy :

1866 Allocation de 1,738,062 fr. 48 c., pour servir à constituer la dot de Mme la duchesse de Mouchy, ci	1,738,062	45
Ensemble	4,445,769	93

Note écrite à l'encre et en marge de cette pièce :

La dot était de 2,000,000 de fr., le surplus de la somme de 1,738,062 fr. 48 c. a été payé par l'Empereur en dehors de l'intervention du ministère.

Sommes reçues par Mme de Montijo.

(Note sans date.)

Il a été envoyé en Espagne à Mme la comtesse de Montijo par l'intermédiaire de MM. de Rothschild :

1º Le 4 février	F.	600,000
2º Le 9 avril		89,739
3º Le 27 mai (Mocquard)		668,421
		1,358,160

(Etat A. — 3ᵉ division.)

Subventions annuelles accordées aux membres de la Famille Impériale.—Année 1868.

Princesse Bacciochi	F. 250,000
Prince Lucien Murat	50,000
Princesse Lucien Murat	100,000
Prince Achille Murat	24,000
Princesse Joachim Murat	20,000
Prince Pierre Bonaparte	100,000
Prince Antoine Bonaparte	100,000
Prince Louis-Lucien Bonaparte	10,000
Prince Lucien Bonaparte	20,000
Prince Napoléon-Charles Bonaparte	70,000
Princesse Marianne Bonaparte	6,000
Mme Valentini	25,500
Comtesse Rasponi	50,000
Mme Pepoli	25,000
Mme Roccagiovane	40,000
Comtesse Primoli	40,000
Princesse Gabrielli	40,000
Prince Gabrielli	6,250
Comtesse Campella	20,000
Mme Rattazzi	25,000
Mme Romagnoli	6,250
Mme Bartolini	12,000
Comtesse Mosti	8,333
A reporter	1,048,333

Report..........................	1,048,333
Comtesse Ruspoli.................	8,333
Marquise Stefanoni................	6,250
Marquise Aventi	6,250
Marquise Parisani.................	6,250
Comtesse Tattini..................	8,334
Baronne de Chassiron..............	30,000
Mme Turr.....................	14,000
Mme Wyse.....................	46,975
Mme A. Booker................	6,250
Jérôme Bonaparte fils.............	30,000
Wyse (Lucien-Napoléon)............	2,000
Total général.........F.	1,310,975

Pendant ce temps, les institutrices de villages français recevaient, après quarante ans de services, 37 fr. 50 de pension annuelle !

CHAPITRE IX

LES MYSTÈRES DE LA CASETTE PARTICULIÈRE

(3° livraison.)

Beaucoup de mains puisaient dans les coffres du souverain et venaient quelquefois y toucher le prix de services de tous genres.

D'après les extraits des dépenses de la cassette pendant 1868, 1869 et 1870, et même de 1865, nous voyons que l'Empereur payait 200,000 fr. par mois, et au-delà, en pensions et gratifications de toutes sortes.

M. Granier de Cassagnac, *l'incorruptible*, touchait 160,000 fr.

Le baron Jérôme David 30,000 fr. Le nom de ce dernier figure assez souvent comme ayant reçu diverses sommes ou divers à-comptes.

L'aperçu du mois de mai 1870, celui du plébiscite, est curieux en ce sens qu'il relate le paiement d'une somme de 20,272 fr. de bijoux payée à six joailliers ou orfèvres différents, ainsi que 3,000 fr. en photographies.

Les marais d'Orx (Landes), divers hôtels dans Paris et des maisons de Vichy, le Crédit foncier, les Jardins Farnèse, l'emprunt des Landes, y figurent pour diverses sommes.

Au surplus, nous relevons les noms trouvés sur ces états et les transcrivons à la suite, pour l'édification de nos lecteurs.

HOMMES.

Prince Pierre Bonaparte.	Lesoufaché.
Duc de Persigny.	Sacaby.
Duc de Tarente.	Thouret.
Prince Jablonowski.	Orsi.
Général de Béville.	Leconte de Lisle.
Général Morris.	Tisserand (Landes).
Général Saurin.	Péreire.
Général Dambry.	Jacolot.
Colonel Mangin.	De Roucy.
Baron Sibuet.	Commandant de Beffey (1).

(1) Il est juste de déclarer, à la décharge du commandant Reffye, qu'i recevait une subvention mensuelle de 2,000 fr., prise sur la cassette pour des essais de mitrailleuses, canons et autres engins de guerre, et aucun supplément personnel de solde pour ces travaux.

Cet officier dirige actuellement la fabrication des mitrailleuses à Indret (Loire-Inférieure).

49

HOMMES.

Baron Vinot.
Bachon.
De Colpo, médecin.

Théophile Sylvestre.
Jérôme David.
Granier de Cassagnac.

FEMMES.

Princesse Anna Murat.
Mmes Campana.
Peloux.
Claude Vignon.
Bouvet.
Fossey.
Marrast.

De Chambure.
Guisolphe.
De Lapeyrouse.
De Marolles.
Comtesse de Gazan.
Mélanie Waldor.

Certains prétendus démocrates, journalistes et orateurs de réunion publique, se trouvent aussi compromis : M. Vermorel touchait 500 francs par mois ; M. Briosne, 300 francs ; M. Napoléon Gaillard, promoteur de la manifestation Baudin, 300 francs. — Un nommé Lepage avait touché de l'argent pour ne pas publier un livre injurieux pour la dynastie. M. J. Vallès, *candidat de la misère,* était crédité de 10,000 francs, pour les frais de son élection contre M. Thiers.

M. Granier de Cassagnac recevait des subventions pour son journal le *Pays,* ainsi que le démontre une lettre du « Roi des Drôles », reproduite dans la 6e livraison, et adressée à M. Conti.

Le premier des Sept-Sages, alors à son château de Couloumé (Gers), le 25 avril 1870, s'excuse, dans ce billet, de ne pouvoir se trouver à Paris le 30 pour *toucher un second versement* à faire à M. Gibiat, directeur de la Société des journaux réunis, à cause du plébiscite, et demande que son fils le supplée.

En même temps, il parle de l'esprit des campagnes : « La population, ajoute-t-il, votera tout ce que l'Empereur lui proposera ; elle confond le *libéralisme* avec l'agitation, et est fort irrévérencieuse pour les inconséquences des doctrines de M. E. Ollivier. »

Il va sans dire que l'honnête député entretenait cette confusion dans l'esprit de ses électeurs, par les plus détestables moyens.

Le fameux président Delesvaux, qui s'est suicidé, recevait, pour chaque prisonnier politique amené devant lui (et il n'a jamais eu la faiblesse d'en acquitter un,) une somme d'argent proportionnée au nombre de mois de prison et au montant des amendes qu'il infligeait, ainsi qu'à la position politique et sociale du prisonnier. Ces largesses impériales avaient mis cet homme corrompu, dont le salaire, comme président d'un tribunal correctionnel était relativement peu considérable, à même d'amasser une grande fortune. Voyant ses iniquités découvertes, bloqué dans Paris, incapable de s'échapper et certain d'être mis en jugement, il a résolu de se faire justice lui-même.

Dans le 12ᵉ fascicule, qui n'est point encore sorti de Paris, une édifiante note de M. Magne fait connaître la liquidation du maréchal Magnan. Le principal acteur du 2 décembre laisse 685,000 francs d'actif et 835,000 francs de dettes ; l'Empereur est invité à payer les 150,000 fr. de différence.

Le maréchal Magnan était sénateur et grand-maître imposé aux francs-maçons. Qu'on juge des autres !

———

(N° 20.)   Palais des Tuileries, le   janvier 1867.

Reçu de M. Thélin la somme de dix mille francs pour solde des trente mille francs alloués par l'Empereur pour l'ameublement de M. le baron Jérôme David.

31 décembre 1866.

10,000 Fr.   WILLIAMSON,

administrateur du mobilier de la Couronne

———

(N° 14.)   •   Juin 1867.

Reçu de M. Thélin la somme de trois cent cinquante francs pour le déjeûner du Prince royal de Prusse à Compiègne et faux frais divers.

Les Tuileries, 14 juin.

Le général, aide-de-camp de l'Empereur

350 Fr.   REILLE.

———

CHAPITRE X

LA LISTE CIVILE

Note curieuse de l'Empereur, sans date :

Deux pages de chiffres et d'additions dont nous transcrivons, avec commentaires, les indications les plus importantes en en négligeant la reproduction intégrale.

Une Société de colportage reçoit 5,000 fr. par mois.

Florian Pharaon 2,000 fr. par mois.

Le camp de Châlons semble avoir coûté 100,000 fr. ou 110,000 fr. en juillet (1862).

Notre–Dame–de–la–Garde (la chapelle), 20,000 fr. en juillet.

Etincelle (journal de M. Pharaon), reçoit 50,000 fr. une fois payés, sans préjudice de deux autres sommes de 50,000 fr., dont on a retrouvé la mention dans les comptes postérieurs.

Les constructions du Champs–de–Mars (Exposition?) dépassent toute prévision ; évaluées à 60,000 fr. par mois, elles atteignent, en juillet 147,000 fr.; en septembre 332,000 fr,; puis 327,000 fr. et 322,000 fr.

Le compte Mocquard est fort chargé.

L'Impératrice a régulièrement 100,000 fr. par mois.

Les maisons d'Albe, Lauriston et les résidences impériales absorbent des sommes énormes.

Ajoutez 100,000 fr. au ministère de l'intérieur et *150,000 fr. à David*.

Lyon, 300,000 fr. (sont-ce des obligations)?

CHAPITRE XI

FONDS SECRETS DE LA POLICE

(4ᵉ livraison.)

Aperçu, sans plus de détails, de la façon dont étaient répartis les fonds secrets du gouvernement impérial :

Crédit : 2,000,000.

Art. 1ᵉʳ. Frais de police de la préfecture de police..F. 600,000
Art. 2. Frais de police dans les départements (Bouches-du-Rhône, Rhône, Nord, Gironde, etc., etc.). 223,000
Art. 3. Frais de police militaire et de police judiciaire. 67,600
Art. 4. Service de la presse, frais généraux, journaux. 297,540
Art. 5. Indemnités pour secours et subventions particulières.. 255,860
Art. 6. Mandats soumis périodiquement pour engagements...................................... 78,850

1,522,850
Reste à la disposition du ministre............. 477,150

TOTAL....... 2,000,000

Le *Journal officiel* du 1ᵉʳ octobre a publié des documents fort intéressants sur la police secrète impériale. Il s'y trouve des détails qui soulèvent le cœur de dégoût et d'indignation.

Ces pièces établissent d'une manière irréfragable qu'à l'exception des conspirations d'Orsini et de Pianori, et l'échauffourée de La Villette, tous les prétendus complots qui ont fait sensation sous l'Empire avaient été organisés par la police.

Le dernier complot, notamment celui qui a précédé le plébiscite, avait été combiné par M. Piétri et le juge d'instruction Bernier. Il s'agissait de préparer le scrutin du 8 mai. Ne commentons pas : mais souvenons-nous que plus de cent journaux français furent condamnés par les juges de l'Empire pour avoir exprimé des doutes sur l'existence du susdit complot.

Au reste, tout n'est pas dit sur la police secrète de l'Empire. Dès que l'investissement de Paris aura cessé, nous en apprendrons bien d'autres encore. Une correspondance de Paris, du 3 novembre, nous apprend, en effet, que les scellés viennent d'être levés chez M. Franceschini Piétri, ex-secrétaire particulier de l'Empereur, et qu'il s'y trouve un abondant trésor que le gouvernement de la République livrera, sans aucun doute, à la publicité.

CHAPITRE XII

L'HOMME PROVIDENTIEL

Nous nous empressons de déclarer que nous ignorons si les lettres qu'on va lire sont authentiques ; mais plusieurs journaux les ont reproduites, et elles rentrent si bien dans le rôle des personnages dont elles sont signées qu'elles paraissent vraisemblables. En tout cas, si ce n'est pas là le texte intégral des confidences des deux aventuriers que la France a lâchement supportés pendant vingt ans, personne n'osera dire que les deux complices n'aient point échangé des sentiments semblables, au moins quant à l'esprit.

En parcourant ces lignes nous nous sommes souvent demandé lequel des deux était le plus malhonnête, du prince ou de son frère adultérin? Au lecteur à résoudre la question.

———

Napoléon à Morny.

19 décembre 1848.

« Cher ami,

» C'est demain la séance solennelle de mon installation; vous qui connaissez mes projets, vous allez joliment rire en m'entendant prêter serment d'obéissance et de fidélité à la République.

» En tous cas, ne manquez pas d'y être, car je tiens à savoir de vous si j'ai fait bonne figure.

» NAPOLÉON. »

———

Morny à Napoléon.

30 décembre 1848, soir.

« Mon cher président,

» Je peux aujourd'hui vous donner ce nom, en attendant mieux : — vous avez été ce matin simplement magnifique.

» Quelque bonne opinion que j'eusse de votre sang-froid et de votre dissimulation, je ne comptais pas vous trouver aussi complet.

» Lorsque vous avez étendu la main en prononçant les paroles sacramentelles, pas un muscle de votre physionomie n'a bougé ; je n'ai pu découvrir le moindre sourire sous l'épaisseur de votre moustache, et vous paraissiez si réellement convaincu, si parfaitement sincère, que j'ai entendu une voix des tribunes s'écrier : Comme il jure bien.

» Ainsi, compliments, compliments !

» MORNY. »

« P.-S. Aux premières miettes du budget qui vous tomberont sous la main, vous seriez fort aimable d'en détacher quelques-unes dans la direction de mon es ⸺rcelle, dont la maigreur fait peine à voir. »

Napoléon à Morny.

Février 1851.

« Je ne vous cacherai pas, mon cher ami, que l'Assemblée nationale m'emb...nuie.

» C'est un conflit perpétuel entre mon autorité et celle qu'elle prétend m'imposer, et vous savez que je ne suis pas d'humeur à subir une tutelle.

» La révocation de Changarnier, dont le contrôle m'agaçait singulièrement, a excité de nouveau tous ces

braillards contre moi, et ils viennent se venger misé-
rablement en me refusant la bagatelle de 1,800,000 fr.
dont j'ai un impérieux besoin pour mes frais de représentation.

» C'est ce qui explique que je n'ai pu satisfaire à votre
dernière demande.

» Tâchez de faire patienter vos créanciers : un jour
viendra bien où nous aurons les clés de la caisse.

» A vous.

» NAPOLÉON. »

Morny à Napoléon.

Novembre 1851.

« Eh bien ! qu'attendez-vous ? Qu'on vous envoie à Vin-
cennes ? La situation ne peut se dénouer sans un coup de
balai ; tâchons de tenir le manche. Du reste, il est temps
d'en finir, l'argent nous manque : on refuse vos traites,
et ce matin, les huissiers sont venus saisir mes meubles.

» Agissez, et vivement.

» MORNY. »

Napoléon à Morny.

1er décembre 1851.

« Ce soir, à l'Elysée ; amenez Maupas, Magnan et les
autres. Demain matin, nous passons le Rubicon : tâchons
de ne pas nous noyer.

» NAPOLÉON. »

Morny à Napoléon.

10 décembre 1851.

« Mon président,

» L'ordre règne à Varsovie. Il n'y a plus de républicains qu'à Cayenne et à Lambessa.

» Vous savez que quelques hommes se sont fait fusiller bêtement sur le boulevard Montmartre. — Ces curieux sont incorrigibles.

» N'oubliez pas de me recommander à Magne : à présent nous avons nos aises.

» MORNY. »

———

Napoléon à Morny.

23 décembre.

« Mon cher complice,

» Magne vous fera parvenir aujourd'hui un bon de cent mille écus sur le Trésor, de quoi dégager vos meubles.

» Vous connaissez le nombre des suffrages : 7,500,000. Que pensez-vous du peuple français ?

» NAPOLÉON. »

———

Morny à Napoléon.

« Je pense qu'il mérite à peine de vous avoir pour empereur.

» MORNY. »

———

Napoléon à Morny.

10 décembre 1852.

« C'est fait depuis huit jours. — Le héros ridiculisé de Strasbourg et de Boulogne s'appelle aujourd'hui Napoléon III, empereur des Français.

» Osez nier aujourdhui la force de ma destinée et l'influence de l'étoile des Napoléon dont vous vous êtes fait tant de gorges chaudes.

» Et remarquez cette coïncidence de dates :

» 2 décembre 1804. — Bataille d'Austerlitz.

» 10 décembre 1848. — Ma nomination de président.

» 20 décembre 1848. — Mon serment.

» 2 décembre 1851. — Mon coup d'Etat.

» 21 décembre 1851. — Mon premier plébiscite.

» 2 décembre 1852. — Mon avénement.

» Décembre est le mois des Bonaparte, comme août est celui d'Auguste.

» Dites-moi, quelques imbéciles seraient peut-être tentés de me chicaner à propos de mon premier serment ; il n'y aurait pas moyen de leur clouer la bouche par une phrase sonore, qui pourrait, au besoin, passer à la postérité ?

» Napoléon. »

Morny à Napoléon.

« J'ai trouvé deux clichés qui, je crois, feront admirablement votre affaire.

» Je suis sorti de la légalité pour rentrer dans le droit. » Ceci pour les malins.

» Ou : « J'ai sauvé la société de l'anarchie. » Ceci pour les badauds.

» Morny. »

CHAPITRE XIII

LES PROSCRIPTIONS DE DÉCEMBRE

RAPPORT DU COLONEL ESPINASSE

(6ᵉ livraison.)

Note. — A la suite du coup d'Etat, le colonel Espinasse, qui, depuis, fut ministre de l'intérieur, après l'attentat d'Orsini, et appliqua le premier la loi de la sûreté générale, reçut de Louis–Napoléon la mission de réviser les jugements des commissions mixtes. Voici le rapport qu'il rédigea après son voyage :

« MONSEIGNEUR,

» J'ai l'honneur de vous adresser le rapport d'ensemble sur la mission que vous m'avez fait l'honneur de me confier.

» J'ai pu constater l'état de l'esprit public de Tours à Bordeaux, de Bordeaux à Montpellier et à Perpignan ; je l'ai trouvé partout excellent. Partout, on apprécie vivement les grands services que vous avez rendus au pays. Parmi ces services, celui peut-être qui est le plus apprécié, c'est d'avoir débarrassé la société des éléments dangereux qui menaçaient de la dissoudre. Ce dernier sentiment a une telle vivacité qu'il fait accueillir avec hostilité tout bruit d'amnistie.

» La circulaire de M. le ministre de l'intérieur et les mises en liberté qui en ont été la suite avaient produit le plus mauvais effet. Le parti entier des anarchistes avait relevé la tête ; ceux des inculpés qui restaient encore entre les mains de la justice avaient interrompu ou retracté les aveux qui faisaient connaître à l'autorité les plans et l'organisation des Sociétés secrètes. Ces fâcheux symptômes commençaient à s'effacer, lorsque la nouvelle de la mission de clémence, dont étaient chargés les commissaires extraordinaires, les a fait renaître, au point que, pour les calmer, j'ai dû ordonner que les convois de condamnés, arrêtés en vue de ma révision, reprendraient leur route aussitôt cette révision terminée.

» Je reviens avec la conviction profonde que, dans tous les départements que j'ai parcourus, les commissions mixtes se sont pénétrées des intentions successives qui leur enjoignaient de ne frapper que les hommes réellement dangereux.

» Dans les Deux-Sèvres, la Gironde, la Haute-Garonne et l'Aude, elles n'ont péché que par excès d'indulgence. Puissent-elles n'avoir pas à se repentir d'avoir laissé échapper une occasion, peut-être unique, de désorganiser l'anarchie ! Dans ces départements, les condamnations ne portent que sur quelques individus dès longtemps signalés par l'opinion publique comme des perturbateurs invétérés.

» Dans le Lot-et-Garonne, les Pyrénées-Orientales, et l'Hérault, où les insurgés, en commençant les hostilités, avaient motivé de nombreuses arrestations, on a pu saisir les ramifications des Sociétés secrètes. Le nombre des affiliés dépasse 30,000 dans chacun des deux premiers départements, et 60,000 dans le troisième, organisés par décuries et centuries, et prêts à se lever au premier signal. En ne frappant que les chefs connus, les condamnations se seraient élevés à un chiffre énorme, et l'on a dû se borner à n'atteindre que les individus réellement influents, ou ceux que leurs antécédents, puisés dans les annales des Cours d'assises et de la police correctionnelle, signalaient comme soutiens habituels de toute révolte contre l'autorité. »

Le colonel indique ensuite comment il s'y est pris pour la révision des dossiers et comment, muni de renseignements puisés, soit dans la gendarmerie, la municipalité et le clergé, il n'a pu, en tenant compte des demandes de grâce et des preuves écrites de repentir, prononcer, sur 4,000 condamnations, que cent commutations et deux cents grâces entières.

Il constate, ensuite, la mauvaise impression produite par les grâces individuelles qui allaient à ceux que ce Reitre appelle les vrais chefs de l'anarchie, tandis que les instruments expiaient, et il demande que, désormais, la clémence du proscripteur ne soit exercée que sur l'initiative de l'administration locale.

Le reste du rapport, mis entre crochets, rayé sur la minute, avec ce titre de la main de l'Empereur : *Rapport du colonel Espinasse*, contient ce qui suit :

« [Les grâces sont souvent accordées à Paris sur les demandes des vieux partis, pour qui c'est un moyen de conserver une influence qui leur échappe. Il est convenable que cette influence tout entière revienne à votre administration. Si ce vœu était accueilli, la marche suivante pourrait être adoptée : Tout condamné politique qui croirait avoir des droits à la clémence du gouvernement ferait personnellement une demande en grâce, avec promesse de soumission ; elle serait transmise, avec l'avis motivé du chef sous l'autorité duquel il est placé, au préfet du département dans lequel il a été condamné. Tous les trois mois, chaque préfet transmettrait au ministre de la justice les demandes qui mériteraient d'être prises en considération ».

« En résumé, Monseigneur, l'esprit public est excellent. Les commissions mixtes ont scrupuleusement rempli leur mandat ; parmi les services que vous avez rendus à la société, Monseigneur, celui qui est le plus apprécié est de l'avoir débarrassée d'une partie des éléments qui menaçaient de la dissoudre. L'opinion est hostile à toute amnistie immédiate, qui est regardée comme un piége tendu par les partis vaincus.

« Les condamnations doivent être, quant à présent, maintenues ; les grâces ne doivent être accordées que partiellement, sans éclat, et sur l'initiative des autorités locales.]

» J'ai l'honneur d'être, Monseigneur, votre fidèle sujet.

» *Le colonel, commissaire extraordinaire,*

ESPINASSE. »

Nous ne nous arrêterons pas à faire remarquer, ni à réfuter les odieuses accusations portées par ce sbire en épaulettes contre les proscrits. L'œuvre du 2 décembre

est jugée, Dieu merci, et la mémoire du colonel Espinasse, devenu général, l'est également. Nous souhaite-
rions à ce complice, à cet exécuteur de haute volée, si froi-
dement cruel, si impudemment calomniateur, d'avoir eu,
pendant son existence, les mains aussi pures que celles
des innombrables victimes que son maître envoyait pour-
rir dans les forteresses, à Lambessa et à Cayenne, ou qui
mangeaient, en attendant l'heure de la justice, aujour-
d'hui sonnée, le pain amer de l'étranger.

Etat des individus qui, après Décembre, ont été l'objet de mesures pénales.

L'Empereur a désiré avoir l'état exact des individus
qui, à la suite des événements de Décembre, ont été
l'objet d'une mesure pénale quelconque. Cette affaire,
concentrée dans le principe ainsi que cela avait toujours
été, au ministère de la police générale, a été, au mois de
mars 1852, divisée entre trois ministères : celui de la
justice, celui de la guerre, celui de la police générale,
selon les trois catégories auxquelles appartenaient les
condamnés. C'est la difficulté que j'ai éprouvée, en rai-
son de cette division, à obtenir les indications étrangères à mon ministère, qui m'a empêché de remettre, le
jour même, ce travail à Sa Majesté :

Au chiffre de 6,153 individus restant aujourd'hui soumis à des peines quelconques, il faut ajouter celui de

5,450 individus soumis à la surveillance, soit par suite de la décision primitive des commissions mixtes, soit comme garantie conservée vis-à-vis d'eux par le gouvernement, à la suite d'une commutation de peine.

Le chiffre total des individus subissant réellement aujourd'hui les peines appliquées par les commissions mixtes, à la suite du 2 Décembre, est donc de 6,153. Ce chiffre est destiné à être, d'ici à quelques jours, diminué dans une proportion considérable, par suite des soumissions qui arrivent chaque jour en masse, soit à l'Empereur, soit au ministre de la guerre, soit au ministre de la police générale. J'aurais voulu pouvoir donner à Sa Majesté le chiffre exact des soumissions adressées jusqu' ce jour ; j'ai fait de vaines tentatives pour arriver à ce résultat, n'étant point chargé de cenraliser ce service. Il est arrivé au seul ministère de la police générale, 2,343 demandes en grâce.

Le ministre, secrétaire au département de la police générale,

Signé : DE MAUPAS.

1o Nombre total des individus arrêtés ou poursuivis en France, à l'occasion de l'insurrection de Décembre 1851............ 26,642

2o A déduire :

Individus mis en liberté... 6,501
Individus soumis à la simple surveillance.... 5,108

TOTAL......... 11,609   11,609

3o Nombre total des individus condamnés à la suite de l'insurrection de Décembre.................. 15,033

4o A déduire les individus condamnés par les conseils de guerre et les tribunaux pour délits de droit commun, assassinats, incendies, vols; etc., etc.:

Conseils de guerre...................... 247
Police correctionnelle.................. 639
Maisons de correction 29

TOTAL.................... 915   915

5° Nombre total et division par catégorie des individus condamnés par les commissions mixtes à la suite de l'insurrection du 2 Décembre :

Cayenne............................ 239
Algérie............................ 9,530
Éloignement ou expulsion........... 1,545
Internement........................ 2,804

TOTAL.................... 14,118   14,118

6° Nombre total, par catégories, des individus grâciés :

Cayenne............................ 61
Algérie............................ 3,773
Éloignement ou expulsion........... 931
Internement........................ 1,480

TOTAL.................... 6,245

7° Nombre des contumaces :

Cayenne............................ 5
Algérie............................ 1,715

TOTAL.................... 1,720   1,720

Nombre des décédés......................   216

8° Chiffre actuel, par catégories, au 27 janvier, des individus subissant encore, en vertu des condamnations des commissions mixtes, les peines suivantes :

Cayenne............................ 173
Algérie............................ 4,042
Éloignement ou expulsion........... 614
Internement........................ 1,324

TOTAL.................... 6,153   6,153

On lit dans le *Bulletin officiel de la République* :

« Après les meurtres, les déportations, les crimes de toute sorte qui avaient, en 1851, accompagné ou suivi le coup d'Etat du 2 décembre, le gouvernement de Bonaparte était encore dévoré d'inquiétude. Dix ans plus tard, en 1861, et à maintes reprises, il projetait de renouveler ces odieux attentats contre l'existence ou la liberté des citoyens.

Tous ceux qui étaient suspects d'une noble et courageuse indépendance étaient notés. Les plus dignes entre les habitants de nos départements étaient inscrits sur les listes dressées par la police des préfets. Au premier signal de Bonaparte ou de ses séides, les citoyens dénoncés devaient être arrachés à leurs foyers et frappés de la prison ou de l'exil.

Cet abominable despotisme a laissé des témoignages irrécusables dans les archives de l'empire. De ce nombre se trouve une circulaire de M. de Persigny, ministre de l'intérieur en 1861, qui divulgue les moyens désespérés que l'on comptait employer pour conjurer ou retarder la chute de la dynastie :

« Monsieur le préfet,

» Par une circulaire en date du 6 juin 1859, mon prédécesseur, M. le duc de Padoue, vous a prescrit les mesures que vous auriez à prendre dans le cas où un événement grave et imprévu amènerait la transmission du pouvoir au prince impérial sous le nom de Napoléon IV.

» En vous confirmant ces instructions dont je vous envoie une copie, je crois devoir les compléter par les dispositions suivantes :

» Aussitôt après la réception de cette lettre, vous établirez une liste de tous les hommes dangereux, quelles que soient leurs opinions et leur position sociale.

» Après avoir étudié avec soin cette liste, vous y désignerez les hommes qui, ayant une valeur quelconque, soit pour la délibération, soit pour l'action, pourraient, à un moment donné, se faire le centre d'une résistance, ou se mettre à la tête d'une insurrection.

» Vous formulerez personnellement, et vous signerez les mandats d'arrêt pour chacun des hommes annotés par vous sur votre liste, afin que, au premier ordre qui vous serait donné, leur arrestation soit opérée simultanément et sans perdre une minute.

» Vous me donnerez communication de la liste dressée par vous. Tous les mois, vous réviserez cette liste ainsi que les mandats d'arrêt qui s'y rapportent.

» Recevez, etc.,

> » *Le ministre secrétaire d'Etat au*
> *département de l'intérieur,*
>
> » F. DE PERSIGNY. »

(Note annexée à la circulaire n° 2)

1° Les listes comprendront tous les hommes dangereux : républicains, orléanistes, légitimistes, par catégories d'opinions.

2° Elles seront tenues exactement à jour, au fur et à mesure que quelque fait nouveau parviendrait à la connaissance des préfets. Les personnes inscrites sur ces listes devront, du reste, être l'objet d'une certaine surveillance.

3° Les formules de mandat seront imprimées à Paris et remises à MM. les préfets, qui n'auront qu'à les remplir de leur main et à les signer.

4° Les préfets conserveront ces mandats par devers eux, en les divisant par circonscription de commissaires de police.

5° Les préfets, dans leurs réunions, détermineront le mode qui sera employé pour faire opérer, sans perte de temps, les arrestations dans les divers arrondissements.

6° Prévoir, pour chaque département, les lieux où seraient transférées les personnes arrêtées.

7° Conduite à tenir vis à vis de l'autorité militaire ; bons rapports à établir de suite et toujours.

8° Bien connaître les fonctionnaires dont on est entouré, afin de préjuger de leur attitude dans le cas d'un événement grave.

9° Manière de se concerter avec les hauts fonctionnaires avant de révéler au public l'événement dont il est question.

10° Enfin, délibérer sur les mesures à prendre à l'égard des imprimeries et journaux, et la manière de convoquer les fonctionnaires pour leur faire prêter serment à l'héritier du trône.

11° Chaque préfet qui s'absente doit, avant son départ, donner à l'homme revêtu de sa confiance, et qui devrait le remplacer, l'ensemble des instructions sous pli cacheté, avec autorisation de les ouvrir, et ordre de les faire exécuter dans le cas prévu par ma circulaire de ce jour.

Voici le texte de ces mandats :

Nous, préfet d...

En vertu de l'article 10 du code d'instruction criminelle ;

Mandons et ordonnons à tous agents de la force publique d'amener à la préfecture d...........................
en se conformant à la loi, l......... n°....... pour être entendu.................... sur les inculpations dont est l'objet...

Requérons le commissaire de police d..................
.... ou autres. en cas d'empêchement, de faire exacte perquisition chez l...........................
à l'effet d'y chercher et saisir tous papiers, écrits, imprimés, correspondance, d'une nature suspecte, armes, munitions de guerre, et généralement tous objets susceptibles d'examen ; lesquels seront saisis et déposés à la préfecture d.................... avec le procès-verbal qu'il en aura dressé et le présent mandat ;

Requérons tous dépositaires de la force publique de prêter main-forte à son exécution.

Fait à................, en notre hôtel

le...

Le préfet d....................:............

La lettre suivante était soigneusement conservée par
M. Conti dans un carton particulier, avec cette étiquette :
L'*Empereur*. Elle montre que deux des plus zélés servi-
teurs du Prince président ne se risquaient pourtant que
fort prudemment dans l'Empire au 2 Décembre 1851.
Ils attendaient le succès.

A M. le directeur de l'imprimerie Nationale.

Monsieur le directeur,

J'apprends, par voie indirecte, que des documents
portant ma signature en imprimé, vous sont envoyés
pour être transportés en province ; je suis entièrement
étranger à ces actes, et vous prie de ne pas y maintenir
ma signature.

Votre dévoué.

E. ROUHER.

Je fais la même déclaration et la même prière.

A. FOULD.

A gauche, à l'angle de la lettre, cette note écrite à
l'encre : *Reçu le 2 décembre 1851, à six heures du
soir. Le secrétaire de la direction* (signature illisible).
Et au bas de la note, le timbre de l'imprimerie nationale
en noir : *Imprimerie nationale. Direction.*

L'enveloppe qui contenait cette lettre porte : *2 Décembre 1851. Lettre de MM. Rouher et Fould.* On a
écrit au crayon, à droite, ce mot inexplicable : *Complot.*

CHAPITRE XIV.

LE MEXIQUE

(1ʳᵉ livraison.)

Lettre de M. J.-B. Jecker, à M. Conti, chef du cabinet de l'Empereur.

M. Jecker explique dans la pièce qui suit les causes de l'expédition du Mexique.

Paris, 8 décembre 1869.

Monsieur,

Ne trouvez pas étrange que je m'adresse à vous de préférence, ayant à vous entretenir d'une affaire qui concerne particulièrement l'Empereur.

Vous aurez assez entendu parler de mon affaire des Bons pour la connaître un peu. Eh bien, je trouve que le gouvernement la considère avec trop d'indifférence, et que, s'il n'y fait pas attention, elle pourrait amener des suites fâcheuses pour l'Empereur.

Vous ignorez sans doute que j'avais pour associé dans cette affaire M. le duc de Morny, qui s'était engagé, moyennant 30 0/0 des bénéfices de cette affaire, à la faire respecter et payer par le gouvernement mexicain comme elle avait été faite dès le principe. Il y a là-dessus une correspondance volumineuse d'échangée avec son agent, M. de Marpon.

En janvier 1861, on est venu me trouver de la part de ces messieurs pour traiter cette affaire.

Cet arrangement s'est fait lorsque ma maison se trouvait déjà en liquidation, de sorte que tout ce qui la regarde appartient exclusivement à celle-ci.

Aussitôt que cet arrangement fut conclu, je fus parfaitement soutenu par le gouvernement français, et sa légation au Mexique. Celle-ci avait même assuré à mes créanciers, au nom de la France, qu'ils seraient entièrement payés, et avait passé des notes très fortes au gouvernement mexicain sur l'accomplissement de mon contrat avec lui, au point que l'ultimatum de 1862 exigeait l'exécution pure et simple des décrets. Dès cette époque, j'ai été constamment exposé à la haine du parti exalté, qui m'a jeté en prison, ensuite m'a banni, me confisquant mes biens.

L'affaire en resta là jusqu'à l'occupation du Mexique par les Français. Sous l'empire de Maximilien, et aux instances du gouvernement français, on s'occupa de nouveau du règlement de mon affaire. En avril 1863, je parvins, aidé des agents français, à faire une transaction avec le gouvernement mexicain.

A la même époque, M. le duc de Morny vint à mourir, de sorte que la protection éclatante que le gouvernement m'avait accordée cessa complètement. Le ministère des finances français permit bien qu'on payât les premières traites que le gouvernement mexicain m'avaient données sur Paris pour couvrir une partie de ce qu'on me devait; mais les agents français au Mexique s'opposèrent, d'après les instructions qu'ils avaient reçues, qu'on me délivrât les traites de dix millions de francs, solde de ma transaction, malgré que j'en eusse parfaitement rempli les conditions et que le gouvernement mexicain était disposé à me payer, se trouvant avoir à Paris, à cette époque, plus de trente millions de francs.

Comme le gouvernement français avait déclaré dans les Chambres qu'il s'était opposé à l'exécution de ce contrat et qu'il s'était appliqué ce qu'on aurait dû me payer, je fus obligé, comme liquidateur de ma maison et après avoir épuisé les voies de conciliation, de lui intenter un procès devant le conseil d'Etat. Malheureusement, cette démarche n'a eu aucun résultat, car ce tribunal vient de se déclarer incompétent, d'après l'indication que m'en a faite le ministre des finances dans sa défense.

J'étais aussi un des plus forts indemnitaires mexicains. La commission mixte établie à Mexico m'avait reconnu une somme de six millions de francs environ, qui a été réduite par celle-ci à 500,000 francs à peu près. Je suis en insistance pour la différence auprès du ministre des affaires étrangères, qui n'a pas encore daigné me répondre là-dessus. Mais à l'avance, je m'attends à la réponse négative que m'a donnée le ministre des finances pour l'affaire des Bons.

Quelques créanciers, voyant que je n'obtenais rien du gouvernement pour mes principales réclamations, ont mis saisie-arrêt à la Caisse des Dépôts et consignations sur ce que j'ai à recevoir de ces 500,000 francs, de sorte que je n'ai pu disposer que d'une faible somme pour les besoins pressants de ma maison.

Complètement ruiné par suite de l'expédition du Mexique, n'ayant plus rien à faire ici et ne pouvant rien y faire, je suis obligé de retourner là-bas pour rendre compte à mes créanciers de ma gestion.

Malgré que je n'aie rien négligé pour tâcher de payer la totalité de ce que je leur dois, comme je n'ai pu y parvenir par suite des circonstances extraordinaires qu'il m'a été impossible d'éviter, ils ne tiendront pas compte des sacrifices énormes que j'ai faits pour y arriver, et me traiteront sans considération aucune.

Ils voudront bien savoir le motif qui avait porté, en 1861, M. de Saligny, alors ministre au Mexique, à leur promettre au nom de la France qu'ils seraient payés de ce que ma maison leur devait et pourquoi, en 1863, cette protection extraordinaire m'a été si brusquement retirée par le gouvernement français.

Quoique, jusqu'à présent, j'aie gardé le plus grand secret sur cette affaire, malgré qu'on m'ait fortement engagé à la publier, je serai obligé de me défendre pour ne pas me voir jeté en prison pour dettes; je suis forcé de dire à mes créanciers ce qui s'est passé, en leur délivrant tout ce que j'ai là-dessus, qu'ils réclameront d'ailleurs comme appartenant à ma liquidation. Le gouvernement mexicain sera enchanté de faire connaître cette affaire à fond pour sa conduite ultérieure avec la France.

Je prévois bien l'effet qu'une confession semblable produira dans le public et le mauvais jour qu'elle jettera sur le gouvernement de l'Empereur, surtout dans les circonstances critiques où nous vivons; mais je ne puis l'éviter, à moins qu'on ne me facilite les moyens de faire une proposition à mes créanciers en les empêchant par

ce moyen d'exiger que je leur rende compte de ma liquidation.

Cela me serait d'autant plus facile que, parmi les propriétés que le gouvernement mexicain n'a pu saisir, à
cause de l'intervention de mes créanciers, qui ont ré-
clamé comme appartenant à la liquidation de la maison,
ce qui est sa propriété, elle possède encore des mines et
des forges qu'elle n'a pu exploiter dernièrement à cause
de la pénurie où elle se trouve, mais qui avec des fonds
suffisants laisseraient de beaux bénéfices et seraient à
même de couvrir ce qu'elle doit, surtout à présent qu'on
vient de perfectionner en Allemagne des appareils à
concentrer le minerai qui permettraient de réduire le
pauvre qui est toujours très-abondant, et d'en retirer des
bénéfices qu'elles n'auraient pas pu donner autrefois,
avec l'ancien système encore employé au Mexique.

Ne doutant pas que, dans l'intérêt que vous portez à
l'Empereur, vous n'ayez l'obligeance de lui faire part de
ces justes observations, je vous prie, monsieur, d'agréer
l'assurance de ma considération distinguée.

J.-B. JECKER.

CHAPITRE XV.

LE CABINET NOIR

(1re livraison)

Le gouvernement déchu a toujours nié l'existence de
ce *cabinet noir*, où les lettres des particuliers étaient

décachetées et lues. La lettre suivante, de M. de Persigny, prouve l'existence de ce cabinet, qui avait pris connaissance des lettres du général Ducrot (publiées par les
ournaux) au général Trochu.

Le cabinet s'inquiétait même des affaires de famille.
a commission a trouvé, par exemple, copie d'une lettre
ntime, adressée par Mme de Rémusat à M. de Rémusat.
u cabinet noir on avait ouvert et fait copier ces corres-
ondances.

Lettre de M. Persigny

Sire,

Permettez-moi d'adresser directement à Votre Ma-
esté un exemplaire d'un ouvrage qui vient d'être publié
ar mes compatriotes du Forez, et qui forme un recueil
des principales choses que j'ai faites, dites ou écrites.

Je prends la liberté de faire quatre marques au livre.
Si voulez bien lire trois courtes allocutions faites par
oi dans mon pays, vous verrez dans quel esprit s'exerce
'influence que je puis avoir dans ma province. Je signale,
n outre, un exposé succinct de mon système des Pyra-
des, qui résume, je crois, très clairement, toute la
question.

Je n'ai pas provoqué cette publication. Elle a été pré-
arée à mon insu, et ce n'est qu'au dernier moment
qu'elle m'a été communiquée. M. Bavoux, le conseiller
d'Etat, m'avait longtemps sollicité de la faire faire dans

un sentiment napoléonien et n'avait pu triompher de mon indifférence. Mais aujourd'hui je ne suis pas fâché qu'elle ait été faite.

Sire, à cause de la question des titres, je n'ai pu vous dire mon impression sur la réduction de l'armée; mais je ne crois pas qu'on ait fait faire depuis longtemps une faute plus grave à Votre Majesté. Quand on veut réduire l'armée et arrêter l'avancement dans tous les pays, on invoque de grandes considérations de politique européenne. Si l'armée se voit blessée dans ses intérêts, elle est du moins forcée de s'incliner devant de grandes raisons. L'intérêt public et son patriotisme lui imposent la résignation. Mais n'alléguer que des raisons vulgaires d'économie pour gagner douze à treize millions dans un budjet de près de deux milliards, blesser à ce point l'armée, en vérité, c'est payer bien cher une économie de bouts de chandelles. Puis, annoncer au monde que le pays est tellement obéré qu'il ne peut pas solder son armée, en vérité, je le répète, cela me paraît être le comble de l'imprudence politique et financière. Décidément, ces deux hommes d'affaires, Fould et Rouher, par leur absence complète de sens politique, semblent conjurer votre perte.

J'aurais voulu aussi vous parler d'un sujet délicat. J'ai reçu des révélations au sujet du service de ce qu'on appelle *cabinet noir*, par le chef de bureau. Cet homme a besoin de son pain; il ne faut donc pas-révéler à ses chefs les observations qu'il m'a faites. Elles intéressent le service de Votre Majesté. Si Votre Majesté venait à Paris, je la prierais de me faire donner une audience, mais pas à Compiègne, parce que cela fait trop de tapage dans le gouvernement.

Je suis, avec respect, Sire, de Votre Majesté, le très humble et très dévoué serviteur et sujet.

(Sans date.) PERSIGNY.

Les serviteurs de l'Empire se dénonçaient volontiers entre eux. A propos de M. de Persigny, l'extrait suivant d'un rapport émanant du *cabinet du préfet de police* et daté du 28 novembre 1869, donne à Napoléon le renseignement suivant :

« Il y a quelques jours à peine, dans un restaurant de Paris, M. de Persigny (je crois pouvoir garantir le fait), mettait sa main dans celle de M. Glais-Bizoin : l'un contre l'Empire, l'autre contre M. Rouher, je le veux bien ; mais M. de Persigny s'exprimait sur la situation dans les termes les plus alarmants. N'est-ce point un signe du temps !»

Le préfet de police,
J.-R. PIÉTRI.

LE DÉCACHETAGE DES LETTRES

(4ᵉ livraison.)

Note. — La note sur le décachetage des lettres, complément de la lettre de M. Persigny sur le *cabinet noir*, est dépourvue de date et ne porte aucun en-tête. Le rapport sur M. Collet-Meygret, qui suit la note, n'est pas daté non plus. Mais ces deux pièces ont pour garantie d'authenticité des annotations de la main de l'ex-empereur. Ce qui fait l'intérêt des documents de ce genre, c'est qu'on y voit la preuve que l'espionnage, organisé sur toute la surface du pays par le gouvernement du 2 décembre, n'épargnait pas même les fonctionnaires de l'Empire. Ceux-ci se dénonçaient les uns les autres, et leurs rapports étaient centralisés dans les mains de Napoléon. Voici la note :

Les facteurs de la poste :

Hennocq, Desicy, Basson, Hondé, Thibault, desservant les rues de Varennes, Bellechasse, Saint-Nicolas-d'Antin, Caumartin, de la Chaussé-d'Antin, sont engagés à prix d'argent dans la police secrète du ministère de l'intérieur, dirigée par M. Saint-Omer.

Leur service consiste à livrer la correspondance des personnes qui leur sont désignées. Ils sont aidés pour cela par des concierges engagés comme eux dans la même organisation. Ils entrent à chaque distribution dans la loge de ces concierges, y déposent leurs lettres, s'il y a lieu, et viennent les reprendre à la distribution suivante. De cette manière, ils échappent aux soupçons ; car ils peuvent être menés chez ces concierges, pour la remise des lettres destinées aux locataires de la maison. On ne connaît pas les aides des facteurs de la rive gauche ; ceux de la rive droite sont aidés par les concierges :

Pierre, rue d'Anjou, n°9. — Orsier, rue d'Anjou, n°3. Pinsoy, rue d'Anjou, n° 53.

Niaux (Pierre) rue de la Chaussée-d'Antin, n° 2.

Les lettres reçues par ces concierges sont le plus souvent portées en voiture, chez M. Saintomer, rue Las-Cases, 18, qui les ouvre, en prend copie, s'il y a lieu, les remet en état, et elles sont remportées par le concierge qui les remet au facteur à la distribution suivante. On n'a pu savoir si le facteur qui dessert l'avenue Montaigne et l'avenue d'Antin est entré au service de la sûreté publique. Si on a dû se passer de lui, on a eu évidemment le concours des concierges des maisons où se trouvaient les personnes dont on avait intérêt à lire les correspondances.

En général, ces opérations sont faites avec secret et habileté ; il paraît cependant qu'elles n'ont pas tout à fait réussi dans la rue Caumartin où une femme dont la correspondance était ouverte a provoqué une enquête dirigée par M. Balestrino lui-même, pendant plusieurs jours, mais qui n'a amené aucun des résultats qu'on attendait.

M. HYRVOIX

Le bruit a couru à Paris, pendant le séjour de l'Empereur à Plombières, que M. Hyrvoix, avait été parfois mêlé à la vie intime de l'Empereur. On pensait au ministère de l'intérieur, que M. Hyrvoix pouvait faire quelques confidences sur ce sujet délicat, à sa maîtresse,

Mme de X···, demeurant alors rue Caumartin. Pour s'en assurer, on a fait ouvrir, pendant quelques temps, la correspondance reçue par cette dame ; on n'y a trouvé que les épanchements ordinaires d'un amoureux absent et inquiet. C'est le facteur de la rue Caumartin qui livrait ces lettres aux agents du ministère de l'intérieur.

Mme LA COMTESSE DE CASTIGLIONE

Pendant le séjour de l'Empereur à Plombières et à Biarritz, la correspondance reçue par Mme de Castiglione a été ouverte et lue par les agents du ministère de l'intérieur. On ignore ce qu'on y a lu et le nom des personnes de qui ces lettres émanaient ; on ignore si ces lettres étaient livrées par le facteur ou par le concierge. (1)

Mme BOTTI

M. Collet–Meygret est très mal disposé à l'égard de M. Fould. C'est sans doute, pour se procurer des armes contre lui que la correspondance de Mme X···, qu'on savait être sa maîtresse, a été lue. On ignore si elle était livrée par le facteur ou le concierge.

La correspondance de Mme de Montebello (2) a été lue par les agents du ministère de l'intérieur, à qui elle était livrée par le facteur chargé de desservir la rue de Varennes.

(1) Ici se trouve en marge, de la main de Napoléon : *Comme il n'en existe pas, on n'a pas pu en trouver.* — N.

(2) Il y avait *cette dame* sur la minute. Le nom de Mme de Montebello est écrit par Napoléon.

M. A. DE LA GUÉRONNIÈRE (1).

Ce conseiller d'Etat avait été en mesure de faire restituer à M. Billault des lettres écrites par celui-ci, à l'époque des premières élections au Corps-Législatif, et dans lesquelles la personne du Prince-président de la République était traitée dans des termes embarassants pour le député devenu ministre de l'intérieur.

M. de la Guéronnière est considéré comme ayant des affinités politiques avec M. Fould et des préférences pour lui. Il avait, dans plusieurs occasions, exprimé publiquement des jugements sévères sur le compte de la Direction générale de la sûreté publique. Ces diverses circonstances avaient fait considérer comme utile de surprendre ses secrets particuliers, qu'on savait être d'une nature assez délicate. On y a réussi, en s'emparant de sa correspondance, qui était, on le croit, livrée par son domestique aux agents du ministère de l'intérieur.

Le rapport suivant était annexé à la note précédente qu'il explique et qu'il complète en quelque sorte. Il est important et curieux.

RAPPORT A L'EMPEREUR

SUR M. COLLET-MEYGRET,

Directeur de la Sûreté publique.

Le directeur de la sûreté publique devrait, pour se

(1) Les six lignes suivantes ont été rayées sur la minute.

conformer à la pensée de son institution, exercer la police dans l'Empire et à l'étranger, partout où se rencontrent des éléments hostiles à l'Empereur. En réalité, elle ne l'exerce nulle part. Elle n'a d'agents ni à Londres, ni à Jersey, ni en Belgique, ni en Hollande, ni en Suisse, ni en Piémont, ni en Espagne, où se trouvent réunis des émigrés et des exilés très ardents contre l'Empire. Elle se borne à entretenir à Londres deux agents très connus des réfugiés, dont l'un appartient à la police métropolitaine et l'autre au commerce. Les rapports qu'elle en reçoit sont rares et stériles.

A l'intérieur, elle fait la police par *l'intermédiaire des préfets et des commissaires de police.* Le préfet de police seul donne un concours quelquefois utile, et ce fonctionnaire a étendu son action et ses recherches sur tout le territoire de l'Empire, où il s'est, au vu de tout le monde et du consentement tacite du ministre de l'intérieur, substitué à la direction générale de la sureté publique. C'est au préfet de police que l'on doit la découverte des sociétés secrètes découvertes en 1856 à Niort, à Saint-Etienne, à Vienne et à Lyon.

Après avoir abandonné, par impuissance de le conserver, son domaine naturel, la direction générale de la sûreté publique a circonscrit son activité dans un cercle étroit de recherches et à son profit personnel. M. Collet-Meygret, nouveau venu dans le monde gouvernemental, n'a pas su y prendre sa place par droit de conquête et il s'est appliqué à se la faire, en cherchant contre des rivaux ou des supérieurs des armes dans leur vie privée. C'est dans ce but que le décachetage des lettres, en dc-

hors du concours officiel et volontaire du directeur général des postes, a été entrepris sur une vaste échelle. On
a dit dans une précédente note comment cette opération
était exécutée. C'est ainsi qu'on s'est procuré la correspondance de M. Fould et de M. Hyrvoix avec leurs maî-
tresses ; celle de M. de la Guéronnière, de Mme la comtesse de Montebello (1), la comtesse de Castiglione et
celle de bien d'autres personnes.

La presse française et étrangère a aussi été entre les
mains de M. Collet-Meygret, un moyen tout personnel
de fortifier sa position, en ébranlant celle de personnes
plus importantes que lui. Les attaques que la presse al-
lemande et anglaise ont colportées contre MM. de Morny, Fould, Magne, Rouher, Haussmann, Pereire et Billault lui-même, ont été souvent inspirées par le directeur général de la sûreté publique, qui fournissait le
thême à développer. On peut à ce propos rappeler la lutte
d'influences et d'attributions qui s'est élevée, il y a
quinze mois environ, entre MM. Haussmann et Piétri.
M. Collet-Meygret poussait M. Billault à sacrifier le
préfet de la Seine au préfet de police. Il sollicitait itéra-
tivement le comte Bacciochi d'appeler l'attention de
l'Empereur sur la nécessité de ce sacrifice et lui demandait, en même temps, de signaler à Sa Majesté M. Collet-Meygret comme l'homme le plus capable de remplacer M. Haussmann.

Pendant ce temps-là, et pour appuyer ces démarches,
M. Collet-Meygret faisait raconter dans les journaux

(1) Cette fois le nom tracé par Napoléon dans la pièce précédente est
rayé.

allemands le conflit des deux préfets et exhorter M. Billault à la fermeté. D'autres journaux, pour concourir au même but, disaient que M. Haussmann ne tarderait pas à sortir avantageusement de ce conflit et qu'il remplacerait M. Billault au ministère de l'intérieur. La correspondance parisienne du *Times,* inspirée au ministère de l'intérieur, faisait en même temps pleuvoir des sarcasmes sur le ton cavalier de M. Haussmann à l'égard de M. le ministre de l'intérieur. Pour d'autres motifs et dans un intérêt différent, M. Collet-Meygret a fait attaquer M. Pereire et le Crédit Mobilier par les journaux étrangers.

Tel est l'usage que M. Collet-Meygret a fait des pouvoirs immenses qui lui sont confiés. On voit que le bien de l'Etat et le service de l'Empereur n'en ont pas tiré grand profit. Ces abus sont malheureusement devenus notoires, et la longanimité du ministre qui les tolère, les connaissant, et l'inaction de l'Empereur, qui ne les détruit pas, parce qu'il les ignore, ont *nui à la considération* du ministère de l'intérieur.

[Les préfets en masse, qui devaient avoir en lui une confiance absolue, se tiennent à son égard sur la réserve la plus inquiète, sobres de rapports et de confidences, ne le défendant pas quand on l'attaque devant eux, et mêlant très souvent leurs plaintes et leurs récriminations à celles du public.

Le public, il faut le reconnaître, ne manque ni de prétextes ni de raisons pour flétrir le ministère de l'intérieur de sa réprobation.]

Le cabinet de M. Collet-Meygret est devenu le rendez-vous des gens d'affaires de toutes qualités. Lui-même est très souvent rencontré dans des endroits où les devoirs de sa place ne l'appellent point. Voici, en quelques mots, l'énumération des affaires qu'il a traitées et des relations qu'il a entretenues depuis qu'il a cessé de prendre ses fonctions au sérieux :

Suivant des notes très curieuses, mais trop longues pour entrer dans cet opuscule, sur les divers tripotages auxquels fut mêlé M. Collet-Meygret, et que nous résumons :

1º En 1855, il achète les mines d'asphalte de Seyssel, s'associe avec les frères Baudoin, et propose une association à M. Pereire, par l'entremise de M. Place, qui, depuis, fit une faillite éclatante ;

2º Il entre en relations avec MM. Mirès et Prost, ennemis de M. Pereire et du Crédit foncier, à la suite d'une brouille avec ce dernier, dont nous raconterons plus bas l'origine *in-extenso*. M. Collet-Meygret couvrit Mirès et ses audaces financières de son patronage. Le banquier, bien entendu, ménageait au directeur général de la sécurité publique de raisonnables et faciles profits ;

3º En juillet 1856, achat du journal la *Vérité,* par M. Collet-Meygret, sous le nom de M. Bordot, son secrétaire particulier, et de concert avec Mirès, qui fournit, sur un simple reçu, le cautionnemment de 50,000 francs.

Le policier essaya, en évitant de se compromettre avec M. Billault, de se rattacher à Morny par des liens indirects. En conséquence, il offrit à MM. Joachim

Murat, Dalloz et Dugas, députés et aides-de-camp de Morny, qui refusèrent de prendre une portion de la propriété de la *Vérité*. Battu de ce côté, il offre le journal à M. Millaud, qui lui donnait une prime de 300,000 fr. de bénéfice sur le prix d'acquisition. Mirès fait échouer la négociation.

M. Collet-Meygret voulut faire offrir la feuille à M. Pereire par M. Auguste Chevalier, lequel refusa de rendre ce service, ainsi que de réconcilier les deux anciens amis.

Une nouvelle Société fut alors fondée avec M. Mirès et un banquier de Londres, M. Stokes, flétri par la justice anglaise. En fin de compte, M, Prost, un banquier de « réputation équivoque, » dit le rapport dont nous tirons ces détails, acheta le journal, au prix de 345,000 francs, le 23 février 1857.

C'est après cette dernière transmutation que la feuille prit le titre de *Courrier de Paris*, organe démocratique avec Félix Mornand rédacteur en chef, Charles Blanc collaborateur, et Louis Blanc, correspondant à Londres.

4° Le directeur général acheta, au prix de 1,500,000 francs, en compagnie de M. Dardenne (Toulouse), Moreau (de l'Aube), Calvet-Rogniat, député, et autres, le petit bassin houillier de Graissesac, qui fut mis en actions, au capital de 3 millions. M. Costa, préfet de l'Hérault, n'ayant pas été assez complaisant, fut destitué.

Mais le fait le plus frappant, le plus topique, si nous pouvons nous exprimer ainsi, et en même temps celui qui accuse le mieux la rapacité proverbiale des complices de l'Empire est celui que nous trouvons dans le rapport sous ce titre :

Eclairage au gaz de la ville de Paris.

« M. Billault, écrit l'auteur du rapport, chargea M. Collet-Meygret, que cette affaire ne regardait pas, de négocier avec MM. Pereire, Rothschild et Margueritte, les nouvelles conditions que l'Empereur entendait imposer pour le renouvellement du privilége de l'éclairage au gaz de la ville de Paris. M. Collet-Meygret profita de cette mission pour réclamer, avec dûreté et menaces, cinq cents actions au pair de la nouvelle émission, alors qu'elles étaient demandées à la Bourse à 611 francs de prime. M. Pereire offensé de cette attitude et de cette âpreté, refusa de capituler. M. Collet-Meygret le fit attaquer violemment dans les journaux étrangers, et notamment dans le *Times*. Des intermédiaires officieux ménagèrent une transaction; les cinq cents actions demandées furent livrées par M. Margueritte qui les reçut à cet effet de M. Pereire.

Le 12 octobre 1857, une enquête fut commencée par M. Duvergier, ex-secrétaire général de la Préfecture de police, pour vérifier la réalité des faits accusateurs, contenus dans les notes précédentes, contre M. Collet-Meygret. Le rapport de M. Duvergier ne contient pas moins de 21 pages, soit de la 6e, soit de la 7e livraisons.

Les faits déjà relatés y sont mentionnés, discutés, approfondis et quelquefois modifiés ; le rapport disculpe en partie, dans une ou deux circonstances, la conduite de M. Meygret. Mais le fait intéressant de l'existence du *cabinet-noir*, de la violation du secret des lettres, y est parfaitement établi et affirmé de la manière la plus formelle par MM. Hyrvoix, Collet–Meygret et Saintomer, entendus dans l'enquête à divers titres. M. Saintomer, y est-il dit, dirige, depuis 27 ans, un service chargé de la surveillance des correspondances particulières, établi depuis fort longtemps au ministère de l'intérieur.

Sous le gouvernement de Juillet, la correspondance du Roi avec M. Guizot aurait été, soit accidentellement, soit à dessein, interceptée. M. Saintomer l'a reconnu. (Textuel.)

De même, il est parfaitement avéré que les correspondances de Mmes Botti, de Castiglione, de Montebello, Bonnald, de MM. Fould, Hyrvoix, de la Guéronnière, etc., etc, ont été ouvertes, et qu'on en a pris copie. M. Collet–Meygret aurait été accusé de n'avoir pas même respecté les lettres de l'Empereur ; mais le fait n'est pas prouvé, d'après M. Duvergier, quoi qu'il semble qu'une surveillance sur la correspondance du souverain ait pu être exercée et connue.

Nous donnons, à titre de renseignement la curieuse explication fournie par M. Collet–Meygret de la surveillance pratiquée sur les lettres de M. de La Guéronnière:

« Une Mme de la ··· était parvenue à se faire recevoir aux Tuileries ; son existence ayant paru équivoque, M. le duc de Bassano ou M. le comte Tascher de la Pagerie a demandé des renseignements à la Direction de la sûreté publique, sur les antécédents et la situation de Mme de la ···. En faisant ces recherches, on a trouvé des lettres de M. de La Guéronnière. »

On a vu comment ce service du *décachetage* était organisé; les facteurs et les concierges étaient complices de cette violation criminelle; des femmes même, comme une certaine dame Trablaine, y étaient employées. On ne craignait pas de faire espionner les personnes soupçonnées d'indiscrétion, par des agents qui se couvraient de déguisements. Ainsi, M. Saintomer avoue que deux notes de police ont été fournies sur la comtesse de Castiglione par son garçon de bureau, nommé Richard, qui s'introduisit chez cette dame, sous prétexte d'offrir des vins qu'il était chargé de vendre.

C'est un M. Amédée Giraud, employé supérieur de cette ténébreuse officine, qui en révéla les turpitudes, soit dans le rapport que nous avons donné sur M. Collet-Meygret, soit par des révélations faites à M. de Persigny et à l'Empereur.

La vengeance fut le mobile de ces dénonciations. Amédée Giraud, d'abord l'obligé de M. Collet-Meygret, son ami et son complice, fut bientôt sacrifié par le directeur-général. C'est alors qu'il usa de représailles, et qu'il voulut surtout, ajoute-t-il, « écarter de lui les *soupçons de corruption* qu'il savait exister *contre tout le personnel* de la direction de la sûreté publique. »

Dans l'enquête, ils récriminèrent l'un contre l'autre, et s'accusèrent réciproquement d'avoir fabriqué des lettres anonymes, révélant les liaisons adultères de M. Fould, afin de porter le trouble dans la famille de ce ministre des finances.

A la lecture de ces pages révélatrices, nous ne pouvons nous empêcher de faire remarquer, avec quel sansgêne les collaborateurs à l'œuvre de décembre commettaient des actes dont les coquins vulgaires auraient rougi.

CHAPITRE XVI

AFFAIRE SANDON

(2ᵉ livraison.)

Note. — On se rappelle le scandale causé par l'affaire Sandon, avocat, enfermé dans une maison d'aliénés par ordre de M. Billault, ministre de l'intérieur, et qui n'en sortit qu'à la mort de ce dernier. La lettre de cachet était remise en usage, et l'on faisait des maisons d'aliénés autant de Bastilles.

Lettre de M. de Persigny à M. Conti

Mon cher Conti,

Voici une affaire grave qu'il importe d'étouffer. La conduite de M. Billault a été inouïe. L'homme qui a été victime à ce point est sur le point de se laisser entraîner dans les mains des partis. Nous pouvons avoir un scandale affreux. Il paraît qu'avec une vingtaine ou trente mille francs, que M. Conneau se chargerait de prendre sur les fonds, on pourrait tout arranger.

Il y a là, d'ailleurs, une iniquité épouvantable : il importe de la réparer.

Mille compliments,

PERSIGNY.

Paris, 29 mars 1866.

Lettre de M. Sandon.

Monsieur,

Le docteur Conneau m'a fait, hier, connaître la réponse de l'Empereur. Voici les faits :

« 1° *Un ministre responsable devant l'Empereur seul* me fait arrêter dix-sept fois et mettre à Charenton pendant vingt mois ;

« 2° Un sénateur *irresponsable* me diffame odieusement, illégalement, et tue ma mère ;

« 3° Un ministre de l'intérieur *irresponsable* adresse aux journaux des communiqués diffamatoires.

« L'Empereur a dit au docteur Conneau qu'il y avait des juges, que je pouvais plaider. C'est une erreur.

« En déchargeant chacun de sa responsabilité, l'Empereur l'a assumée tout entière. C'est lui qui me doit justice. Il m'a pris ma mère, ma fortune, mon honneur ; il ne me reste que ma vie, et, dans ces conditions, je puis en faire le sacrifice.

« L'Empereur me doit justice ; il doit savoir que, quand une illégalité étouffe, on en sort pour entrer dans le droit.

« Je désire et espère être entendu. On n'accule pas, on ne désespère pas un homme ainsi.

« *Je désire vous voir*, et daignez me croire votre très humble et respectueux serviteur.

« Léon SANDON, »

Avocat, rue des Moulins, 26, hôtel de la Côte-d'Or.

Paris, vendredi.

CHAPITRE XVII

LES ÉLECTIONS ET LA PRESSE

(1e livraison.)

Préparer, coûte que coûte, des élections favorables à la dynastie a été de tout temps la préoccupation du pouvoir déchu. Nous devons l'avouer, peu de gouvernements en Europe ont porté plus loin que lui la science de l'organisation des forces et du fonctionnement de cette gigantesque machine, qui s'appelle l'administration.

Pas un système, en France, n'a pesé plus audacieusement sur la conscience électorale ; jamais, en aucun temps, nous n'avons vu s'établir plus impudemment de plus monstrueux abus. Aussi, n'avons nous eu jamais une sérieuse et libre représentation nationale. La main des préfets maniait à son gré la matière à voter ; les maires détournaient ou corrompaiennt leurs administrés. La violation de 'cette liberté primordiale a été manifeste sous l'Empire et il ne s'est point fait une élection, sans que nous ayons pu suivre les traces de ces attentats à la libre manifestation de volontés, pompeusement déclarées souveraines.

Cependant, malgré les abus, les violences et la corruption, ce suffrage universel tant faussé, et devenu l'arme même de l'Empire, retrouvait quelquefois sa voie véritable. Le mal devint un danger, et c'est surtout en 1869 que les lieutenants de la caverne impériale songèrent à organiser la presse départementale, afin de combattre et au besoin de vaincre l'opposition, qui, depuis le 1er janvier 1869, seulement, avait fondé quarante-six journaux, appelés dans un rapport, du 15 avril 1869, de « véritables armes de guerre, maniées avec une grande résolution et souvent avec une extrême violence, » tandis que la presse gouvernementale, de sa nature peu militante, « n'avait qu'une rédaction insuffisante et souvent nulle. »

Le rapport que nous analysons constate que les dispositions suivantes furent aussitôt prises par le gouvernement :

« 1° Introduction d'un système de lecture comparatif des journaux de l'opposition et du gouvernement, et relevé quotidien de tous les faits électoraux, professions de foi, etc., qui peuvent intéresser le bureau chargé des élections ;

« 2° Création de toutes pièces d'une section de publicité départementale.

« Dans cette dernière section les résultats ont dépassé

les espérances. Un fait obtenu récemment en donnera la portée. L'insertion et le commentaire de la *lettre à un électeur* dans plus de quatre-vingt journaux ont été réalisés en moins de trois jours. Le ministre est désormais en mesure de provoquer des discussions et des polémiques avec un ensemble parfait dans cent cinquante journaux ».

L'auteur du rapport, après s'être félicité de ces premiers succès, indique les mesures suivantes qui furent mises à exécution :

« 1° Subventions destinées à assurer soit l'existence, soit le dévouement des journaux ;

« 2° Subventions destinées à accroître leur publicité, c'est-à-dire à envoyer des numéros gratuits pendant la période électorale ;

« 3° Subventions destinées à renforcer la rédaction au moyen de l'adjonction de rédacteurs nouveaux ;

« 4° Choix et envoi de rédacteurs, soit aux frais des candidats, soit à ceux des propriétaires des journaux.

« Une entente a été établie avec les préfets, les propriétaires de journaux, les députés et les candidats. Grâce aux sacrifices que l'on a obtenus d'eux et à quelques subventions, on a pu assurer dans les départements la création de vingt-sept journaux et renforcer leur rédaction avec trente-trois écrivains envoyés de Paris.

« Jusqu'ici il a été dépensé 94,000 fr. On peut encore accorder un crédit de 100,000 fr. pour faire face aux besoins qui se révèleront. »

Cette organisation ne parut point suffisante; il fallait chercher des auxiliaires jusque dans la presse opposante.

« On ne pouvait se borner, ajoute le rapport, à limiter l'action de l'administration uniquement aux journaux dévoués ; il était essentiel de s'assurer une influence indirecte sur les journaux de l'opposition.

« Deux moyens se présentaient pour atteindre ce but: 1° s'assurer du concours de quelques correspondants départementaux ; 2° user du monopole acquis à *la maison Havas* pour les dépêches télégraphiques dont elle fait le service pour tous les départements, ainsi que pour les journaux de toutes les opinions.

« Sur le premier point, en dehors de la correspondance Pharaon, une sorte de compromis a été conclu avec la correspondance Gahot qui sert vingt-sept journaux de la nuance du tiers-parti. M. Gahot viendra chaque jour, pendant la période électorale, prendre les indications du ministère. Il s'est engagé à introduire dans ses envois aux journaux tout ce qui sera compatible avec leur ligne politique, sans découvrir ses relations gouvernementales.

« La correspondance Havas est de tout temps en relations quotidiennes avec le ministère. Chaque fois qu'un démenti, ou une rectification, ou une nouvelle utile doit être mise en circulation à bref délai, elle la condense sous la forme télégraphique, et la répand dans toute la France. On s'est entendu avec elle pour que ce service atteigne au plus haut degré d'intensité, et remplace toutes les communications qu'on ne jugera pas convenable de faire directement.

5

« On peut juger de l'importance capitale de ce moyen de publicité rapide par ce fait, que M. Havas sert trois cent sept journaux.

« Enfin, toutes les fois que cela est jugé nécessaire, notes ou correspondances trouvent place dans le journal belge le *Nord*. Le service néglige de mentionner les autres relations établies avec les feuilles allemandes et anglaises, leur intérêt étant pécuniaire pendant la période à traverser. Ces relations s'étendent à près de vingt journaux *dont plusieurs* de premier ordre. »

Nous ne pousserons pas plus loin notre analyse ; les extraits qu'on a lus nous paraissent suffisamment probants. Nous ajouterons seulement que le *Petit Journal*, par les soins de M. Millaud, devait publier un roman bonapartiste et que la lettre de l'Empereur devait être tirée à 100,000 exemplaires.

RAPPORT TRÈS CURIEUX

Sur les élections, les candidatures officielles, le manque d'hommes et de talents (trouvé dans les papiers de M. Conti); malheureusement sans signature. (11ᵉ livraison,)

Paris, 6 octobre 1868.

Si les élections générales ne paraissent plus aussi absolument et aussi immédiatement nécessaires depuis que le Corps-Législatif a cessé de fonctionner, les élections partielles, que de fâcheux hasards renouvellent sans cesse, entretiennent une fâcheuse agitation dans les esprits.

Il est certain que, pour le gouvernement, il vaudrait mieux réunir deux, trois ou quatre fois par an les élections partielles que nécessitent les vacances survenant parmi le Corps-Législatif; la presse n'aurait plus l'occasion de traiter d'une manière permanente les questions électorales ; la légalité ne serait en rien compromise puisque la Constitution le permet et tout le monde y gagnerait.

De toutes les questions électorales, la plus ardente, la plus vivement discutée est évidemment celle des candidatures officielles, et dans la discussion même des candidatures officielles, le point le plus vivement controversé, parmi les hommes modérés de tous les partis, c'est la pénurie de sujets capables et convenables, autant chez le gouvernement que chez l'opposition.

C'est toujours, en effet, aux hommes du passé que s'adressent le gouvernement et l'opposition, jamais aux hommes d'aujourd'hui, jamais aux hommes de demain.

Si l'opposition n'est pas plus hardie que le gouvernement dans ses candidatures; si elle accepte et pousse toutes les réputations démodées et vieillies ; si elle galvanise des cadavres, elle a au moins une excuse, l'impossibilité où elle s'est trouvée pendant de longues années de faire des boutures politiques.

Le gouvernement, lui, n'a été arrêté par aucune entrave dans l'élève de ses candidats, et, s'il est embarrassé dans ses choix, c'est sa faute, sa très grande faute.

La France ne manque pas plus d'intelligences pour administrer pendant la paix qu'elle ne manquera de bras pour la défendre en cas de guerre.

La France ne manque ni d'hommes de paix ni d'hommes de guerre; seulement le gouvernement ignore où se trouvent les premiers.

Et comment ne l'ignorerait-il point, puisqu'il n'a rien fait pour établir la carte intellectuelle du pays!

Quel que soit le respect que l'on professe pour les institutions politiques actuelles, on ne peut se dissimuler qu'elles n'ont point été édictées en vue de développer l'initiative individuelle. Tant que le gouvernement a trouvé dans les hommes qui se sont ralliés à lui dès son début, un recrutement suffisant, il ne s'est pas trop inquiété de l'avenir ; mais, dès aujourd'hui, il s'aperçoit que la *matière ministériable* se raréfie, et que, s'il est difficile de trouver des hommes capables d'être ministres, il n'est pas facile d'en trouver de capables d'être préfets.

CHAPITRE XVIII

COMMENT RÉUSSIT UN PLÉBISCITE

(11ᵉ livraison.)

Personne n'a oublié le rapport du procureur général Grandperret, qui, au commencement du mois de mai dernier, s'étalait en grandes affiches blanches sur les murs de toutes les communes de France. Ce factum odieux, vrai chef-d'œuvre de mensonges, publié quelques jours avant le vote plébiscitaire, sur lequel il devait avoir une décisive influence, dénonça à la nation un complot soi-disant découvert par les limiers de la police, avec tous les accessoires de bombes au picrate de potasse, de machines infernales et d'engins redoutables, récemment inventés par les prétendus conspirateurs.

Les bonnes gens tremblèrent ; quelques malheureux, coupables d'avoir une opinion politique, dénoncés calomnieusement par de faux frères, accusés de crimes qu'ils n'avaient point commis, par quelques agents secrets, payèrent dans les cachots ou par la transportation les frais de la mise en scène du plébiscite, et le tour fut joué. Une majorité, telle que l'homme de Décembre et ses valets n'avaient jamais osé la rêver, consacra de nouveau l'Empire, et les victimes attendraient encore l'heure des réparations souveraines, tandis que les Beaury, les Guérin, les Ballot et autres touchaient le prix de leurs inventions criminelles, si la République ne les avait délivrés, le 4 septembre.

Maintenant, la trame est dévoilée. La France voit clair dans le jeu des misérables qui l'ont enchaînée durant vingt ans, et voici les preuves de ces menées ténébreuses à peine concevables :

« Mon cher sénateur,

« Je vous informe de ce que nous avons décidé relativement au journal le *Plébiscite*. Ainsi que je vous l'ai dit, notre grande préoccupation était de ne pas mécontenter les journaux qui nous sont acquis, en paraissant favoriser le nouveau venu. Cet inconvénient, qui est très sérieux, sera évité de la manière suivante : le ministère de l'intérieur traitera directement avec son journal pour les numéros qu'il veut lui prendre, et nous traiterons de notre côté pour le complément que nous devons fournir.

« De cette façon, le nouveau journal aura le même bénéfice, les charges du ministère seront les mêmes, et le Comité ne se compromettra pas vis-à-vis des journaux existants. Le ministre ne pourra assurément trouver aucun inconvénient à cet arrangement, et, en ne semblant favoriser aucun journal, nous maintiendrons entre les journaux d'opinions très diverses, un accord qui est notre principale force, et qu'une fausse manœuvre pourrait rompre.

« A chaque exemplaire de journal nous aurons un supplément qui contiendra dix-huit bulletins de vote. Notre expédition devant être de 120,000 numéros par jour, pendant dix jours, ce sera un chiffre de 12 millions de bulletins répartis sur toute la surface de l'Empire, en outre de ceux *(sic)* que nous adressons aux maires.

« Votre tout dévoué.

« CLÉMENT DUVERNOIS. »

« M. le ministre de l'intérieur ayant dit que l'Empereur tenait personnellement au journal le *Plébiscite*, il va sans dire que si l'Empereur désire un autre arrangement, il suffira que vous me le disiez demain matin ».

Ministre de la justice aux procureurs généraux.

J'ai ordonné cette nuit l'arrestation de tous les individus qui constituent l'*Internationale*. Si cette société a des ramifications parmi vous, arrêtez les affiliés.

N'hésitez pas non plus à poursuivre les journaux de votre ressort qui contiendraient un appel à la guerre civile ou des outrages à l'empereur.

Nous ne pouvons assister les bras croisés aux débordements révolutionnaires.

Respectez la liberté ; mais la provocation à l'assassinat et à la guerre civile, c'est le contraire de la liberté.

ÉMILE OLLIVIER.

30 avril 1870, 9 h. 20 m. matin. — N° 138.

Justice à procureurs généraux.

Dites à tous les juges de paix et à tous les magistrats que je les verrais avec plaisir dans les comités plébiscitaires.

Envoyez-moi des rapports sur la situation de votre ressort.

Rouen, 1ᵉʳ mai 1870.

A M. le garde des sceaux, le procureur général.

Il y a à Rouen l'un des principaux membres de l'*Internationale* en France. Faut-il l'arrêter sous l'inculpation de société secrète ou d'affiliation au complot ?

(Un rapport suit.)

Arrêtez-le de suite, mais seulement sous l'inculpation d'association non autorisée ; puis nous verrons, d'après les pièces trouvées à Rouen ou ailleurs, s'il convient d'ajouter d'autres qualifications.

ÉMILE OLLIVIER.

Justice à procureur général, Toulouse.

♦ 1er mai 1870.

Avez-vous saisi l'*Internationale*? Elle existe à Toulouse.

ÉMILE OLLIVIER.

Procureur général à ministre de la justice.

Orléans, 1er mai 1870.

Dans la réunion publique, hier soir à Tours, M. Rivière a donné lecture de la dépêche sur l'attentat contre l'empereur. Il a ajouté :

« On devait répandre ce bruit la veille du plébiscite, afin d'évoquer le spectre rouge. En 1853, Ledru-Rollin a été accusé ainsi d'un complot imaginé par la police secrète. L'histoire nous apprendra que les faits actuels sont inventés. »

Demain réunion nouvelle. Faut-il poursuivre ? Audience correctionnelle est le vendredi. Faut-il attendre ce jour ?

Justice à procureur général, Aix.

A-t-on saisi l'*Internationale* à Marseille? Elle y existe

certainement. — On me dit que les réunions de Marseille sont intolérables par leurs violences. N'hésitez pas à faire un exemple et surtout frappez à la tête. Prenez-vous-en aux avocats, aux messieurs plus tôt qu'aux pauvres diables du peuple.

Le procureur général à Son Exc. M. le garde des sceaux. — Paris.

Metz, le 4 mai 1870, 11 h. 35 m. matin.

Cour de Metz doit se prononcer à deux heures sur le projet d'adresse à l'empereur, au sujet du complot. Le premier président désire savoir si cette adresse serait favorablement accueillie par Sa Majesté, et si la Cour de cassation et la Cour de Paris se proposent de voter une adresse.

Prière de répondre avant deux heures.

Le procureur général à Son Exc. M. le garde des sceaux. — Paris.

Besançon, le 8 avril 1870, 10 h. 35 m. matin.

Des affiches imprimées, non timbrées, annoncent pour dimanche une réunion antiplébiscitaire au théâtre, et indiquent les orateurs qui doivent parler ; *c'est une simple annonce.* Le préfet et moi nous pensons que la poursuite serait inopportune et produirait, à Besançon surtout, un très mauvais effet. Une poursuite intentée et des affiches arrachées ont indisposé très fortement les électeurs aux dernières élections.

Justice à procureur général à Besançon.

Malgré les observations du préfet, je persiste à croire la poursuite indispensable. Peu importe l'effet, quand la loi est impérieuse ; il est temps d'ailleurs qu'on sente la main du gouvernement.

ÉMILE OLLIVIER.

2 mai 1870, 11 h. 45 m. matin.

Le procureur général à M. le ministre de la justice.
Paris.

Besançon, le 5 mai 1870, 12 h. 45 m. soir.

On m'assure que le *Doubs* doit faire paraître ce soir un article très violent contre la magistrature, à l'occasion des poursuites dirigées contre lui. On ajoute que cet article peut nuire beaucoup. S'il en est ainsi, j'ai l'intention de faire saisir le journal après le dépôt, à moins d'ordres contraires que je prierai d'envoyer immédiatement.

A M. le procureur général. — Besançon.

C'est surtout la saisie qui est utile. — Saisissez.

Le procureur général à Son Exc. M. le garde des sceaux. — Paris.

Montpellier, le 30 avril 1870, 2 h. 18 m. soir.

Vos instructions seront fidèlement suivies. Les nouvelles vont toujours s'améliorant. L'intervention du haut clergé est chose très heureuse. Je persiste à penser qu'il serait désirable d'user de toute l'influence possible sur le personnel de l'instruction publique et des chemins de fer, où l'on m'annonce, du reste, amélioration. Les odieuses excitations des réunions démagogiques de Paris produisent ici une heureuse réaction.

A Son Exc, M. Émile Ollivier.

Brignolles. 4 mai 1870.

Avant 8 mai courant, création d'un second débit de tabac. Urgence. Rappelez-vous veuve Toulga.

LAURE, adjoint.

A Son Exc. M. Émile Ollivier, ministre de la justice. — Paris.

Espalion, 6 mai 1870, 11 h. 15 m. matin. — Nº 342.

Symptôme du vote plébiscitaire :
Au vu de vos lettres, tous les NON de mon canton ont succombé à attaques d'apoplexie foudroyante. Ferons sépulture dimanche.

ALLAUX,
Maire, conseiller général d'Estaing (Aveyron).

Justice à procureur impérial. — Draguignan.

Le préfet écrit que plusieurs chambrées de Draguignan ont publié une lettre collective odieuse. Poursuivez-en les principaux signataires.

ÉMILE OLLIVIER.

6 mai 1870, 3 h. 30 m. soir. — N° 193.

Le procureur impérial à Son Exc. M. le ministre de la justice.

6 h. soir. — N° 383.

La lettre des chambrées de Draguignan est adressée au garde des sceaux ; elle est dans l'*Avenir national* d'hier. Je crois les poursuites inopportunes. Si on y persiste, prière d'indiquer la qualification à y donner.

Paris, le 5 mai 1870.

Mon cher ami,

La *Marseillaise* et le *Rappel* n'ont pas été saisis ce matin.

Il me semble pourtant qu'avec un peu de bonne volonté on pourrait trouver dans les feuilles radicales de quoi motiver une poursuite, et je persiste à penser qu'il y a *grand intérêt* à les empêcher tous ces jours-ci d'*aller empoisonner* nos campagnes.

A vous.

CHEVANDIER DE VALDROME.

Nous pourrions continuer indéfiniment ces révélations. Mais nous pensons que le lecteur est déjà suffisamment édifié sur l'arbitraire et le cynisme des ministres de l'empire et du corps judiciaire, ainsi que sur l'approbation tacite du clergé.

CHAPITRE XIX

LETTRES ÉDIFIANTES.

JÉRÔME DAVID

(7ᵉ livraison.)

———

Voici un document assez énigmatique, duquel néanmoins il semble résulter que le baron Jérôme David exerçait sur ses collègues une sorte de surveillance. Au profit de qui? Faut-il y voir l'explication des sommes considérables touchées à plusieurs reprises, par le baron David, sur la cassette impériale?

Paris, 21 novembre 1869.

« Mon cher Conti,

« Voici la liste des députés qui ont paru à la salle des conférences pendant ces derniers temps :

« Seneca, de la Somme; Rolle, de la Côte-d'Or; Keller, du Haut-Rhin; Calmites, des Pyrénées-Orientales; Boduin, du Nord; général Dautheville, de l'Ardèche; Ferdinand David, des Deux-Sèvres; Dolfus, de Lot-et-Garonne; Aylies, du Gers; du Miral, du Puy-de-Dôme; Desseilligny, de l'Aveyron; Dugué de la Fauconnerie, de l'Orne; Chadenet, de la Meuse; Roulleaux-Dugage, de l'Hérault; Josseau, de Seine-et-Marne; Kolb-Bernard, du Nord; Monier de la Sizerane, de la Drôme; Richard, de Seine-et-Oise; Germain, de l'Ain; Lefèvre-Pontalis, de Seine-et-Oise; Cosserat, de la

Somme; baron Mercier, de la Mayenne; Choque, du
Nord; Malézieux, de l'Aisne; comte d'Ayguesvives, de
la Haute-Garonne; Girot de Buzareingues, de l'Aveyron; Pinard, du Nord; comte de Chambrun, de la Lo-
zère; Belmontet, de Tarn-et-Garonne; général Lebre-
ton, d'Eure-et-Loire; Hamoir, du Nord.

« Je vous remercie de la lettre obligeante que vous
avez bien voulu m'écrire de la part de l'empereur; il
n'est pas un seul de mes actes qui ne soit inspiré par la
pensée de servir utilement Sa Majesté, que j'aime de
tout mon cœur.

« Recevez, mon cher Conti, l'assurance de ma considération parfaite et de mes sentiments affectueux et dévoués.

« Baron Jérôme David.

« Les députés ne reviendront à Paris que vers la fin
de la semaine. Il est fort possible que, parmi ceux qui
ont paru à la salle des conférences, il y en ait qui se
soient absentés de nouveau.

« Baron J. D. »

CLÉMENT DUVERNOIS
(9° livraison.)

M. Duvernois a aussi une petite correspondance pi-
quante, dont le coût est de trente mille francs. Voyez
d'abord notre innocent :

Lettre de M. Duvernois à M. Conti.

« Mon cher sénateur,

« En réglant les comptes de rédaction avec l'administration du *Peuple Français*, je me suis trouvé en avance d'une somme de 30,000 francs environ. Bien que ce chiffre dépassât un peu mes prévisions, il n'a rien d'insolite, car dans tous les journaux, *sans exception*, le chiffre des avances est beaucoup plus considérable.

« Je suis, du reste, en mesure de rembourser cette somme, *si cela est nécessaire;* mais je préférerais la rembourser en quatre ou cinq paiements, comme je l'eusse fait si j'étais resté au journal. Je vous serais bien reconnaissant de me dire ce que je dois faire à cet égard.

« Il va sans dire que la dette en question n'est pas un déficit de gestion, puisque je n'en ai aucune, mais le total d'avances qui m'ont été faites personnellement par le journal.

« Votre tout dévoué serviteur,

« CLÉMENT DUVERNOIS.»

Voici la magnanimité du prince. C'est probablement encore le budget de la guerre qui payait :

Lettre de M. Conti à M. Duvernois.

Palais des Tuileries, le 29 juin 1870.

« Mon cher député,

« L'empereur, à qui j'ai dû faire connaître votre situation vis-à-vis de la caisse du *Peuple Français*, me charge de vous dire qu'il vous prie de garder la somme que vous avez reçue en avances et de la considérer comme une indemnité pour les excellents services que vous avez rendus au journal.

« Bien à vous,

« CONTI. »

A M. Piétri, secrétaire particulier de l'empereur,
au château de Compiègne.

(L'adresse porte *personnelle et urgente.*)

Mon cher M. Piétri

Ollivier partira ce soir à huit heures. Il aura la tête
enveloppée d'un cache-nez et ne mettra point ses lunet-
tes, ce qui le rend méconnaissable.

Tout à vous,

CLÉMENT DUVERNOIS.

CHAPITRE XX

LES PRONOSTICS

DE LA GUERRE ACTUELLE.

Jamais lutte aussi effroyable ne fut engagée avec plus
d'impéritie et de légèreté. D'un côté se trouvait un peuple
aguerri, orgueilleux de ses victoires de 1866, formida-
blement armé et organisé avec une rare science, en vue
d'une guerre désirée et sourdement provoquée; de l'autre, une nation facilement enthousiaste, naïve dans sa
confiance en ses chefs et en ses soldats, d'une présomp-
tion ridicule, ne doutant point du succès, trompée par
des ministres au cœur léger et par l'empereur, jouée
dans ses diplomates, prise au dépourvu, et qui pouvait à

peine mettre en ligne de bataille le tiers des hommes qui se ruaient sur nous.

Nous n'étions point prêts, malgré les formelles assurances du pouvoir. Le vote de l'armée au Plébiscite avait découvert notre faiblesse ; les bataillons còmptaient à peine les deux tiers de l'effectif ordinaire ; l'autre tiers, qui devait être remplacé par les soins de l'État, figurait sur le papier. Le prix de remplaçants qui n'existaient point tombait dans cet abîme sans fond des prodigalités qui a dévoré nos finances.

Cependant les avertissement n'avaient point manqué ; nos agents à l'extérieur ont dû tenir leurs chefs au courant des faits. Le *cabinet noir*, d'ailleurs, remplissait son office ; il prenait copie des lettres du général Ducrot au général Trochu, son ami. Ces lettres, trouvées depuis aux Tuileries, sont au nombre de trois.

Dans la première, publiée dans la 1re livraison des papiers secrets, le général Ducrot exprimait, *il y a un an*, ses appréhensions au sujet de la guerre actuelle. Il rendait compte des préparatifs énormes de la Prusse et faisait un lamentable tableau de notre organisation militaire.

Les deux autres se trouvent dans la 8e livraison ; elles traitent le même sujet et avec un égal intérêt.

L'une d'elles, datée de Strasbourg, 18 octobre 1869, rend compte d'une conversation du général avec la comtesse de Pourtalès, qui revenait de Berlin.

Il parait que jusqu'alors Mme de Pourtalès, « Prussienne par son mari, » s'était montrée d'un « optimisme qui irritait » le général. Son langage était une « variante

poétique des circulaires Lavalette et des discours Rouher. » Or, son voyage à Berlin a complètement boule-
versé ses idées ; elle déclare la guerre inévitable et a la
mort dans l'âme. « Eh quoi ! dit le général, vous em-
bouchez la trompette de Bellone juste au moment où, de
tous côtés, on ne parle que des intentions pacifiques de
nos bons voisins. » — « Oh ! général, s est-elle écrié,
c'est ce qu'il y a d'affreux. Ces gens-là nous trompent
indignement et comptent bien nous prendre désarmés....
Oui, le mot d'ordre est donné : en public, on parle de
paix, du désir de vivre en bonnes relations avec nous ;
mais lorsque, dans l'intimité, on cause avec tous ces
gens de l'entourage du roi, ils prennent un air narquois
et vous disent : Est-ce que vous croyez à tout cela ? Ne
voyez-vous pas que les événements marchent à grands
pas, que rien désormais ne saurait conjurer le dénoû-
ment ? Ils se moquent indignement de notre gouvernement, de notre armée, de notre garde mobile, de nos ministres, de l'empereur, de l'impératrice, prétendant
qu'avant peu la France serait une nouvelle Espagne !
Enfin, croiriez-vous que le ministre de la maison du roi,
M. de Schleinitz, ose me dire qu'avant dix-huit mois
notre Alsace serait à la Prusse ? Et si vous saviez quels
énormes préparatifs se font de tous côtés, avec quelle ar-
deur ils travaillent pour transformer et fusionner les ar-
mées des États récemment annexés, quelle confiance dans
tous les rangs de la société et de l'armée !... Oh ! en vérité, général, je reviens navrée, pleine de trouble et de
craintes. Oui, j'en suis certaine maintenant, rien, non,
rien ne peut conjurer la guerre ! » Il cite, comme com-

plément au mot de M. de Schleinitz, un propos de M. de Moltke, qui, dans une conversation avec un des principaux personnages du grand-duché de Bade, lui aurait présenté comme très probable l'annexion de l'Alsace au grand-duché, à l'issue de la guerre *prévue* entre la Prusse et la France. Le général termine en disant que ces rodomontades le font vivre dans un état permanent d'exaspération.

La dernière lettre, datée de Strasbourg, 31 janvier 1869, rend compte de certains bruits qui courent relatifs à des préparatifs des Prussiens à Mayence, à Rastadt et sur d'autres points du grand-duché de Bade. Ces détails avaient été apportés au général par le commandant Schenck, qui venait de Paris, où il avait causé avec le général Frossard, et par M. de Gaston, ancien sous-officier français fixé à Landau. Le général propose d'organiser immédiatement « un système d'espionnage militaire » chargé de nous tenir au courant des moindres incidents, et qui, le jour où la guerre éclaterait, pourrait nous rendre d'incalculables services.

Enfin la même livraison contient une lettre de M. de Stoffel, attaché militaire de France à Berlin, à M. Piétri, qui débute par quelques mots d'explications sur la voie que M. de Stoffel est forcé de faire suivre à ses lettres, à cause des craintes que lui inspire la curiosité peu scrupuleuse de la police prussienne. Il supplie M. Piétri de lui envoyer quelques lignes de réponse, faisant remarquer que cela ne le dérangerait ni de ses graves occupations, *ni de la Boulangère qu'il danse si bien.* La lettre ne parle plus ensuite que de M. Bleichrœder et

d'un entretien qu'il a eu avec M. de Stoffel. M. Bleichrœder est un banquier juif de Berlin, ami de M. de
Bismark, jouant l'homme politique et le personnage,
quoiqu'il soit homme de rien et juif par-dessus le mar-
ché. Ledit Bleichrœder est venu trouver M. de Stoffel et
lui a demandé ce que l'empereur penserait d'une entre-
vue avec le roi de Prusse, précédée d'un engagement
par écrit que le roi Guillaume signerait de ne rien entre-
prendre pour arriver à une union avec l'Allemagne du
Sud. Le colonel pense que Bleichrœder a pu faire cette
démarche sans y avoir été poussé par Bismark ; il s'est
borné à répondre qu'il ne connaissait pas les sentiments
de l'empereur et qu'il n'avait pas à se prononcer sur
l'idée qu'on mettait en avant. Les dernières lignes con-
statent l'animosité et la défiance de tout ce qui est prus-
sien pour la France. M. de Stoffel croit ce mal incurable,
tant que la situation générale restera la même, et il prévoit que ce mal ira toujours en empirant.

CHAPITRE XXI.

ÇA ET LA.

Plusieurs autres documents curieux ont été publiés.
Le cadre que nous nous sommes tracé ne nous permet pas
de les reproduire en entier. Ils n'atteignaient point directement le chef de l'État ou ils n'étaient que d'une importance secondaire. Nous en réunissons les extraits

sous le titre collectif qu'on vient de lire en tête de ce chapitre.

A la date de 1867, nous trouvons une lettre de M. de Persigny sur la situation politique. L'ex-membre du conseil privé y prévoit en ces termes la chute de l'empire (1ʳᵉ livraison) :

« . . . . Je l'avoue, je n'ai plus la liberté d'esprit nécessaire pour traiter des sujets relativement secondaires en présence des grosses questions qui s'agitent aujourd'hui, quand l'empire semble crouler de toutes parts ; quand cette lutte acharnée, implacable, que vous font ceux qui, sous le prétexte d'établir le régime parlementaire, ont juré votre perte, se poursuit de succès en succès ; quand enfin chaque victoire oratoire de vos ministres est une défaite pour Votre Majesté. »

Et plus bas, comme conclusion :

« Si Votre Majesté ne voit pas le mal, à quoi bon faire des plans d'amélioration pour une maison qui brûle, et si elle le voit, pourquoi ne mettre personne dans la confidence de ses préoccupations, afin de rechercher le moyen de changer cet état de choses. »

Au moment où l'empereur voulut, en apparence, faire une évolution vers le parlementarisme, M. Rouher fut chargé d'un rapport sur les personnalités qui pouvaient être chargées du portefeuille de l'intérieur. Le président du Sénat passa en revue le Sénat, le Corps législatif et le Conseil d'État. Selon lui, la pénurie des ministres de l'intérieur était grande. Voici son opinion sur M. Émile Ollivier, son ennemi (5ᵉ livraison) :

« M. Émile Ollivier a plus d'élan que M. Buffet ; il se

donnerait avec plus d'empressement ; mais quelles péri-
péties ne subirait pas ensuite cette nature versatile, dont
la générosité est gâtée par une malheureuse infatuation,
et que tant de relations, interlopes unissent avec des
nuances politiques très hostiles et très avancées.

« Je suis d'ailleurs mal posé pour apprécier cette candidature. Loin de suivre l'indication que je lui avais
donnée, avec l'autorisation de l'empereur, de se mettre
en bonnes relations avec la majorité par une franche explication, M. Émile Ollivier a plus que jamais épousé les
hostilités de M. Waleski contre moi ; il m'a pris pour
objectif personnel à la Chambre, pendant que l'ancien
président du Corps législatif a organisé mon éreintement
systématique et quotidien dans une feuille publique. Je
sais bien que ce sont là des feux de paille qu'éteindraient
facilement quelques satisfactions ; mais, quant à présent,
les choses en sont à ce point que les questions de personnes sont devenues des questions de direction de la politique, et relèvent dès lors exclusivement du sentiment
intime de l'empereur. »

Pendant son désastreux passage au ministère de la
justice, M. E. Ollivier adressa également des rapports au
proscripteur de son père. Voici, entre autres, les noms
de ceux qu'il proposait, le 27 juillet 1870, pour le Sénat,
à l'occasion du 15 août (4e livraison) :

M. Emile DE GIRARDIN, en récompense de ses services
plébiscitaires ;

M. PIÉTRI, ex-préfet de police ;

M. Emile AUGIER, ami particulier de l'empereur et du
prince Napoléon ;

M. Piou, premier président à la Cour de Toulouse ;

M. Le Clerc d'Osmonville ;

Le comte de la Grange, le fameux turfiste ;

M. Barbet, ancien maire de Rouen, ancien pair de France, le *bras droit* de Louis-Philippe, disait-on en 1847, rallié depuis quatre ou cinq ans à l'Empire ;

M. Maxime du Camp, auteur d'articles très-remarqués, dans la *Revue des Deux-Mondes*, sur Paris ;

M. Pasteur, ex-directeur des études scientifiques à l'Ecole normale ;

Les généraux d'Autemarre et de la Motte-Rouge, aujourd'hui démissionnaires ;

L'amiral Jurien de la Gravière ;

M. Anselme Petetin, ex-directeur de l'Imprimerie impériale ;

M. Benoit Champy, magistrat distingué ;

M. d'Albuféra, un des héros du 8 mai (plébiscite) ;

Enfin le comte de Foy (?).

Il y avait dans cette promotion quelques bons choix ; mais où sont les neiges d'autan ?

Le pays a toujours ignoré comment le général Fleury, directeur des haras, fut tout à coup, par la grâce impériale, improvisé ambassadeur à Saint-Pétersbourg.

La main de M. Rouher ne fut point étrangère à cette étrange transformation. Le général gênait probablement le ministre ; aussi ce dernier donna-t-il à l'empereur le conseil de se débarrasser d'un homme qui se mêlait toujours des affaires du ministère de la guerre et encourageait les mécontents de l'armée.

Fleury obtint des succès en Russie, si nous jugeons de

sa faveur croissante par un passage curieux d'une lettre confidentielle, adressée à M. Amyot par M. de Verdière, attaché au général. La preuve en est assez singulière (4ᵉ livraison) :

« L'empereur, dit l'attaché, a pris le général tout à fait en goût; il l'emmène sans cesse dans ses chasses à l'ours, et le fait voyager avec lui sur une *seule fesse* dans son traîneau à une place. C'est le suprême de la faveur, et je pense que la politique s'en trouvera bien, si des entraves ne nous viennent pas de Paris. »

O France ! quels ambassadeurs tu possédais ! Les Fleury, les Benedetti, les Mercier de Lostende, voilà les gloires de ta diplomatie !

Nous ne devons point laisser ignorer à l'Université l'opinion de M. Duruy sur quelques-uns de ses membres et de quelle façon cet ex-ministre de l'instruction publique entendait les devoirs des professeurs (4ᵉ livraison).

C'était lors de la distribution des prix du concours général à la Sorbonne en 1868. M. Duruy avait, par excès de zèle dynastique, amené le rejeton de la race corse au milieu de l'élite de la jeunesse des lycées de Paris. L'entrée de l'héritier impérial fut accueillie par des *chuts* significatifs, et les assistants virent alors ce grand scandale : Le jeune Cavaignac, au milieu des bravos frénétiques de ses camarades, refusant de recevoir ses prix des mains du fils de Bonaparte, le persécuteur de son père.

M. Duruy écrivit, le lendemain, une lettre au général Frossard, gouverneur du prince, afin d'atténuer la mauvaise impression de la scène de la veille. Dans sa colère, le ministre nomme le lycée Bonaparte :

« Un nid d'orléanistes. Jules Simon y a aussi ses enfants. » (Textuel.)

En manière de péroraison, il décida qu'il ne propose-
rait aucune croix « pour cette maison où les professeurs
devraient s'appliquer à prendre plus d'influence sur l'esprit de leurs élèves. »

Dans la 7e livraison, nous trouvons une note très-
curieuse d'un sieur Bésuchet, ancien officier de l'Empire,
mise au dos d'une circulaire en faveur de la candidature
de Louis-Napoléon à la présidence de la République.
Cette note constate que, tout en approuvant la circulaire,
le prince a déclaré n'avoir point d'argent pour en assurer la publication.

Au dos il est écrit :

« Approuvé par le prince.»

40,000 ex. ont été distribués.

C'est à cette occasion que le prince me dit chez lui, à
l'hôtel du Rhin :

« C'est bien, mais cela coûtera cher, et je n'ai pas
d'argent.

« Prince, dis-je, je ne viens pas vous en faire dépen-
ser : c'est moi qui fais tout cela, et, Dieu aidant, nous
réussirons.

« Alors il me prit la main avec effusion. »

Note trouvée dans un carnet-agenda de 1865.

La note est de la main de M. Conti, secrétaire de
l'empereur, qui tenait registre des paroles de Sa Majesté.

6

Il est nécessaire de faire remarquer que Charras n'a succombé que le 23 janvier ; mais sa mort avait été annon-
cée le 16 par les journaux.

17 janvier, mardi, Saint-Antoine.

Nouvelle de la mort du colonel Charras.

« C'est un grand débarras. »

Factures de bonbons payées pour |le général
de Failly.

GOUACHE, CONFISEUR, FOURNISSEUR DE S. M. L'EMPEREUR.

Paris, le 20 mai 1858.

Fourni à M... Sa Majesté l'empereur :
12 douzaines demi-boîtes dragées à 18 fr. . 216 fr.
livrées à M. le général de Failly, 20, rue de Ponthieu.

Pour acquit,

L. GOUACHE.

Et en outre, au crayon, une récapitulation d'autres
factures semblables, probablement.

16 avril.	216 fr.
9 mai	432
3 juin	216
1er décembre.	216
20 mai	216

Nous bornerons là nos extraits. Nous laisserons de

côté les diverses pièces qui ne nous paraissent point inté-
ressantes au même titre. Nous négligerons par exemple :

Le compte des dépenses faites pour l'élection de
M. Terme, candidat du journal le *Peuple*, à la date du
2 juin 1870. Ces dépenses, probablement payées par la
cassette impériale, forment un total de 14,721 fr. 75 c.;

La lettre de M. Pinard recommandant M. Grégory
Ganesco, néophyte de l'impérialisme, et les deux lettres
si platement adulatrices de ce rédacteur actuel de la
Liberté à M. Conti et à l'empereur ;

Les deux lettres de Théophile Sylvestre, journaliste,
nous ne savons de quelle feuille, et qui se trouve porté
sur la liste des pensions. Divers projets extravagants
furent présentés par cet écumeur littéraire. Il voulait,
entre autres choses, publier une Histoire de la République de 1848 contre les républicains ;

Le plan d'un roman ridicule de la main de l'empereur.
Un sieur Benoît, honnête épicier de la rue de la Lune,
parti pour l'Amérique en 1847, rentrait en France en
1868, et naturellement découvrait toutes les merveilles
impériales. Malheureusement pour la complète instruction de son épicier, Napoléon oubliait de lui montrer
tout ce que son gouvernement avait abâtardi, arrêté et
brisé; la corruption partout; un luxe scandaleux; des
tripotages financiers incroyables; le vol légal favorisé et
atteignant, par la complicité du gouvernement, jusqu'aux
plus extrêmes limites.

Nous nous garderons bien également de donner la com-
position du conseil de régence qui devait fonctionner
après la mort de l'empereur. A quoi bon ? Le peuple

s'est débarrassé de ses liens, et il ne lui reste qu'à oublier, comme un mauvais rêve, ces vingt années qui l'ont réduit à chercher le salut dans les bras de cette république méconnue, calomniée, maudite même, et qui, seule, peut lui assurer une paix et une prospérité durables dans le complet exercice de la liberté.

CHAPITRE XXII.

LA DÉBACLE.

Enfin, le 4 septembre 1870, le peuple entra à l'Hôtel-de-Ville. Le vainqueur du boulevard Montmartre venait de rendre honteusement son épée à l'ennemi, sans oser même se frayer un passage à travers les lignes prussiennes ou y chercher la mort avec les 80,000 hommes qu'il livrait à l'ennemi. Il tombait, comme il devait finir, avec cette épithète dont Veuillot l'a souffleté : *Napoléon le Sédentaire.* Aussitôt l'impératrice fuyait Paris, presque seule, tandis que les Piétri, les Baroche, les Haussmann, les Rouher, les Persigny, les Ollivier, les Granier de Cassagnac, etc., etc., tous ceux enfin qui firent ripaille de la France, se sauvaient précipitamment à l'étranger, comme s'envole, à tire d'aile, une nuée de corbeaux voraces chassés du festin par le coup de feu du chasseur.

La fin est digne du commencement. Le peuple se lève contre les envahisseurs. L'homme providentiel a la vie sauvée. Rien n'est perdu : la France se débat dans une lutte suprême ; le maître et les serviteurs repus digèrent.

———

Dépêche du 4 septembre 1870 (2ᵉ livraison).

(Jour de la République.)

A M. Conti, chef de cabinet de l'empereur, 184, rue Rivoli, Paris.

De Libramont, 1 h. 45 m., le 4 septembre 1870.

Préfet police est-il aux Tuileries de sa personne ?

RÉPONSE.

Il n'est pas aux Tuileries. Ne transmettez pas cette dépêche. Il y a un monsieur dans le cabinet à côté.

———

Alors ne remettez rien. Le nouveau directeur général envoie quelqu'un dans une demi-heure.

2 h. 30 m.

Recevez-vous les dépêches pour l'impératrice ?

RÉPONSE.

Non.

———

Le palais est donc envahi ?

RÉPONSE.

Non.

———

Alors, je vous donne quand même la dépêche de Madrid.

(Suit une dépêche de la comtesse Montijo à sa fille.)

Dernière dépêche expédiée des Tuileries dans la journée du 4.

Paris, 2 h. 50 m.

Duperré à Maubeuge.

Filons sur Belgique.

Filon.

(Le signataire était précepteur du prince; il transmettait la plupart des dépêches de l'impératrice.)

FIN.

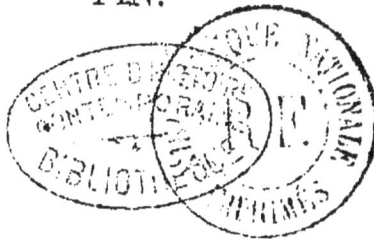

Bordeaux, Imp. A. Pérey, rue Porte-Dijeaux, 43.

EN VENTE A LA MÊME LIBRAIRIE

Le *Blocus de Metz*, brochure in-8°. par CHANLOU, rédacteur au journal *le National*, enfermé pendant le siége . . . . 1 »

Théorie militaire :

Écoles du soldat et de peloton . . . . 1 »

École de bataillon . . . . 1 »

École de bataillon et de régiment . . . . 3 »

Manuel :

Théorie de l'artilleur 1 50

La *Gironde à vol d'oiseau*, crûs classés des vins du Médoc, par le Docteur AUSSEL, volume in-8° 7 50

Sirènes, épisode en vers des bains de mer, brochure in-8°. — RARE. . . . . » 75

Châtiments, par VICTOR HUGO . . . . 3 »

Napoléon le Petit, par VICTOR HUGO . . . 2 50

Paris fortifié, plan très complet . . . . 1 »

Carte de la *France envahie*. . . . . 2 »

Envoi franco contre mandat poste.

www.ingramcontent.com/pod-product-compliance
Lightning Source LLC
Chambersburg PA
CBHW051729090426
42738CB00010B/2170